U0141393

三秒額滿！「愛情通識課」

世宗大學兼任教授
裵貞媛——著
張鈺琦——譯

大是文化

배정원의 사랑학 수업

如何相識、留下好感、示愛、
相處、或好好分手？

CNN慕名採訪的愛情課。

Contents

推薦序　愛情通識課，年輕人的及時雨／姚蘊慧……09
前　言　我的愛情通識課，三秒就額滿……13

第一單元
我設計的約會作業，CNN都來採訪……17

01 第一次約會的重點提醒……18
02 怎麼跟一個不太熟的人獨處……29
03 在你決定人生的真命天子（女）前……34
04 談戀愛，請避開這些人……39
05 勇敢示愛，但要有禮貌……57
06 何種特質的人，男女皆愛……64

07人類學家眼中的吸引力法則……74

第二單元

熾熱的戀愛與安全的分手……81

01吵架是門學問……82
02為戀情加溫的爭執技巧……88
03變心了，如何提分手……95
04「依附」程度決定彼此能走多遠……105
05只有情侶間才能做的事……110
06不健康關係的五大警訊……116
07劈腿與無縫接軌……123

08不愛的警訊……128
09當愛已成往事……131
10果斷乾脆的分手傷害最低……135
11失戀也是戀愛的一部分……147

第三單元

性愛，熟能生巧……157

01第一次，何時發生比較好？……158
02見面就愛愛，好嗎？……164
03第一次性愛卻失敗……166
04「內八字」的樂趣……172
05你看過自己的性器官嗎？……177

06男性性器官，多大才正常？……184
07性器官的誤會與偏見……190
08女性的性感帶……199
09愛撫，啟動身、心的引擎……205
10既一樣又不同……208
11各自並一起描繪性感帶地圖……216
12關於高潮，她想要什麼？……220
13男人都有性愛主導強迫症……227
14不滿足的信號，早洩與遲射……233
15法文中的「小死亡」……237
16男性性幻想排行榜……245
17難以根治的性成癮……249
18體位，哪種姿勢比較好？……252
19學生最好奇的性問題……255

20安全愛愛的八個建議……260

第四單元

成人健康教育……265

01另一個熱門作業：要學生去買保險套……266
02錯誤的避孕常識……269
03健康教育課本裡沒寫的……273
04在決定墮胎前該了解的……285
05關係穩定後再迎接新生命……292
06關於性病……297
07輕忽不得的陰道炎……306
08口交會不會得性病？……311

第五單元

正確看待愛與性……315

01 自由且不避諱的聊性！……316
02 自尊自重的身體意象……322
03 N號房聊天室，不可原諒……332
04 跟騷尾隨不是示愛……336
05 吃播與戀愛實境節目……341
06 男女對立，不是性別的錯……346
07 無性愛時代的對策……351
後 記 真希望我二十歲時就讀過這本書！……357

全書舉例說明時，以男生、女生來稱呼故事主角；談及兩性問題及敘述對象為整體時，則以男性與女性來稱呼。

推薦序
愛情通識課，年輕人的及時雨

——文化大學通識課「性別與社會」教授／姚蘊慧

在赴美協助女兒籌備婚禮的過程中，恰巧優先讀到韓國裵貞媛教授的大作《三秒額滿！「愛情通識課」》，特別感受到滿滿的愛與暖流。

裵貞媛教授在韓國世宗大學開設「性與文化」，是一門選課系統開放三秒就額滿的人氣課程。在課堂中教導學生關於約會、戀愛、性愛、愛情中的風險以及性病等相關實用知識。

而本書是由課程內容擴充而成的著作，作者在書中以諸多實例，用親切的口吻給予讀者建議，希望這本「愛的實用書」，可以讓大家以更自然的心態談論「性」，並在理解愛與性的美好後，勇敢去愛！

我在文化大學也開設「性別與社會」課程，有趣的是，我也設計了約會作業。裘教授的約會對象人選是由課堂名單中抽籤決定，而在我的課堂則是由教授做球，請學生自行尋找（異性戀找異性、同性戀找同性，如果是雙性戀都可以）。除了本身有約會對象的學生以外，同學們最大的難題就是如何找到那個人。

我的作業沒有像裘教授那樣限制預算，但希望他們約會的重心在談話與互相了解。因此我設計了「談話單」以避免冷場，也提供學生藉口，合理化約會的邀請。

我的談話單叫做「婚姻生活計畫書」，裡面包含最容易引起婚姻爭執的話題，例如：個人生涯設計與雙生涯如何配合？是否知道對方對美好人生的想像？人生觀與價值觀（包含金錢、政治、宗教……）是否吻合？家事如何分工？照護中的體力與情緒勞動如何安排？財務（包含薪資、保險、動產與不動產）如何處理？是否生小孩？如何育嬰、如何教育？是否三代同堂？如何盡孝？性生活會怎麼安排？衝突時希望如何溝通協調？如何處理雙方親戚與朋友等問題。

許多同學在過往約會時，因為吃喝玩樂都很開心，也看不見問題，一旦被要求細

談這些地雷區，才會深度考慮雙方是否適合，所以我的修課學生因為約會作業而分手的不在少數。

但因此鼓起勇氣跟心儀對象請求協助、完成作業，最後走進婚姻殿堂的人也很多。從開課以來，我已參加過七對修課學生的婚禮。

我相信我跟褒教授的理念是相同的，幫助學生實作，進而理解愛情與婚姻，尊重自己及他人，並享受人生最美好、最親密的關係。

本書的大亮點就是性教育，雖然臺灣的性平教育也包含這一塊，但認真教導的並不多。褒教授以專業務實的角度，把性生活、性高潮、性障礙等描述得清楚明白，讓學生不必再從A片中學習錯誤的性愛方式。

的確，「性」是提高親密、增進浪漫的最佳工具，可惜我們的社會較保守，不願公開談論，也不敢正視它。

許多人離婚的理由是性格不合，其實究其根源乃是性事不合。性行為是雙人舞，需要溝通協調、彼此取悅，不斷磨合練習，以達到彼此的滿足與高潮。褒教授在這部分內容的努力與用心，讓我欽佩。

當然，臺灣和韓國仍有文化和制度上的差異，例如性別平等教育、性平三法、跟騷法、同性婚姻合法化等，已使臺灣名列東亞性別平權第一，也躋身世界前五名。

裘教授談到的性騷擾、性霸凌、跟蹤騷擾，在臺灣有法治保障，年輕人也較為尊重與節制。但是在臺灣年輕人越來越不喜歡談戀愛、結婚、生子的當下，裘教授這本教導愛情的書，仍是最好的及時雨，值得大家閱讀！

前言
我的愛情通識課，三秒就額滿

「教授，您為什麼要開『愛情學』這門課呢？」這是之前參與某個節目演出時，主持人的提問。從我開始教導戀愛方法以來，經常被問到這個問題，但那一天，我突然想要換個方式回應。

「我為什麼要鼓勵學生談戀愛？戀愛能為我們帶來什麼？」我稍微思考後，做出以下回答：

「**談戀愛，應該是人生中最幸福的時光**。與喜歡的人一起吃飯、散步、看夕陽……戀愛時，周遭都是美麗且鮮明的。而且，我們也能透過戀愛更加了解自己，即使戀情以失戀收尾亦是如此，因此我希望學生們都能多多的嘗試、體驗。」

沒錯，愛情就是這樣。

沉浸在愛情中，是人生最閃閃發光的時刻。或許是因為我們以及另一半，都是透過愛來巧妙的展現自己。透過愛人，並且被愛，來了解自己是個怎麼樣的人。比如，與人交往時，是否過於執著？是否缺乏自信？是否善妒？是否有選擇困難症？是利他還是利己？

透過這個被稱為「戀人」的人，我們能更全面看見自己。再也沒有比愛情更能讓人了解自己的事物了，就連失戀，也何嘗不是更認識自己的模樣呢？

另外，**愛情本身就是幸福**。

我們會想要珍惜、照顧對我們來說那個特別的他（她），為對方付出所有，包含時間、金錢還有身心，心甘情願的奉獻出自己的一切。然後，我們也會成為他人珍視的寶物，得到關愛、安全感並從中成長。**愛情可以讓我們體驗正面的人際關係**。

精神醫學學者維克多．弗蘭克（Viktor Frankl）曾經說過：「愛是救贖的力量。」在如同地獄般煎熬的猶太集中營中，歷經飢餓與勞役，不知道何時會面臨死亡時，讓他撐下來的力量就是愛。他時時刻刻回想自己所愛的妻子，並不斷在腦中與妻子對話。即使面臨死亡，只要想著自己所愛的人，就能克服痛苦。

我們就是這樣，透過愛來了解自己，並成長為更好的人。同時，在面對死亡威脅時，能讓人們毫不氣餒、支撐下來的力量，也是愛。人生在世，再也沒有比愛來得更「有力且溫暖」的安慰了。

近來，年輕人總是把戀愛視為減法，讓我感到很可惜，因為不論對哪一個世代來說，青春都是最貧困且沉重的。不知道自己是誰，未來該走向何方？也不知道該如何準備，所以對於需要耗費金錢、時間與精神的愛情，總是持保留或放棄的態度。

但**所謂的愛與戀愛，應該是加法**。愛能為氣餒的你充滿電，讓你能再次站起來。只要有所愛，就無懼於任何困境。更進一步說，與所愛之人做愛，更能讓我們理解人生並不孤單，是讓愛的喜悅與人生的幸福加倍的加法。性愛並不只是身體感官的感受，而是一種肉體與精神相互擁抱、理解的有力溝通與歸屬的方式。

我希望透過本書，能讓因恐懼而拒絕去愛的年輕人，以及在愛中橫衝直撞而受傷的年輕人，都能更進一步的了解愛與性。更希望能透過本書，讓更多人能夠打開心房，勇敢去愛。

書中有我對年輕人愛情的許多建議，像是尊重自己的心、培養眼光來辨認出適合自己的人、熟練愛情保鮮法、如何處理嫉妒與害怕，以及分手的方法等，仔細的分解心理與關係的人生課題。

此外，還教導如何享受安全且愉快的性愛，以及避孕及性病防治方法等與性健康有關的內容。希望幫助年輕一輩在愛的路上能更加幸福與安全。

我認為**人生不是馬拉松，而是要不斷跨越橫亙在我們面前或大或小障礙物的跨欄競技**。所以若能遇到一個一起跨越障礙的人，一定會安心許多。

彼此相互激勵，要是跌倒也能相互扶持，這就是愛情。而青春的愛情更是如此，透過愛的經驗，我們變得更堅強、圓滿。因此，當愛情到來，希望大家不管在任何時候都不要迴避或放棄。

我設計的約會作業，CNN都來採訪

第一次約會的重點提醒

二〇二一年夏天，我參加了綜藝節目《You Quiz on the Block》（유 퀴즈 온 더 블럭）[1]的錄影。隨著節目播出，不僅讓「性與文化」這堂課更加聲名鵲起，同時也讓課堂中的「約會作業」備受矚目。

第一堂課，按照慣例讓學生自我介紹時，很多同學都說是為了這個作業才選修這堂課的。或許對於學生們來說，選修這堂課根本就是「醉翁之意不在酒」，但對於**身為教師的我而言，約會作業卻是我投注非常多心力的課程**。

在大學的課程中讓學生們繳交約會作業的這個做法，不僅是韓國媒體，連美國、荷蘭與法國等的西方著名媒體都表現出高度興趣，並持續邀訪至今。尤其是美國的《華爾街日報》、CNN、新加坡國營電臺CNA、法國M6電視臺等，都曾實際來到韓國，對課程與學生約會的情況進行採訪。

國外媒體最好奇的是：「為什麼韓國學生需要這樣的約會作業呢？」在CNN的採訪中，有位學生是這樣回答的：「因為平時忙於準備就業，而且約會很花錢，所以平常都不約會。」

其實，即使是在全世界，教導學生們與喜歡的人維持關係、愛情、性愛等內容的大學課程也很少見。這或許也是因為在西方，青少年們很輕易的便能與異性自由交往的緣故，因此不需要相關課程，也可以從相處中學習。

但韓國社會是相當保守的，大部分家長並不樂見高中生談戀愛，也因此或許換個角度來看，能成為我的學生應該算是很幸福的吧！透過「性與文化」這堂課，能從中學習男女不同的性生理、性心理、關係形成、戀愛、結婚與性愛等具體又實用的內容。我覺得，這就跟得到能開啟幸福人生的「綜合大禮包」一樣。

1 韓國 tvN 綜藝節目。由劉在錫、曹世鎬共同主持，節目主軸為採訪人們的日常生活，進行簡單談話和隨機問答的街頭談話與問答秀。

那麼，為什麼唯獨韓國青年對戀愛裹足不前呢？沒空應該是其中很大的因素。一直以來，韓國社會都認為「物質上的富裕」才是成功，而為了獲取成功，必須犧牲許多事物，包含人際溝通。再加上新冠疫情影響，漸漸習慣「保持社交距離」的這三年，也讓年輕人更難跨出和異性溝通的第一步。

但老實說，要進行約會作業並不容易。首先，學生的性別比例就是一大問題。隨著這堂課越來越有名，選課的競爭也越來越激烈。總是聽到學生們說「為了選到這堂課，會先到網咖，等到系統一開放就瘋狂點擊」。

而「瘋狂點擊」本來就是男生的強項，再加上對這個主題感興趣的男同學也比女同學多，所以**課堂的男女比大都維持在七比三或六比四**。

還好，最近女學生的人數也增加了，終於在上學期達到了五比五的夢幻比例，真是令我開心到忍不住想要大聲尖叫。

比起一般通識課，「性與文化」算是較多女同學選修的課，因此我很希望能在這堂課上，讓男女雙方都聽聽彼此的立場。在分組時，也會考慮他們的性別、年級與科系。因為若要了解對方，沒有什麼比坐下來面對面談更好的了。

在認可與自己相同的意見、聽取他人的意見，又或是說服他人等經驗中，可以加深男女雙方對彼此的理解。而且我們常在課堂上進行分組討論，同一組的男女同學也會很快變熟悉。這也是這堂課深受學生歡迎的原因吧！

邀約的小祕訣

學生們總是在學期初就關心什麼時候要交約會作業。不過我一般會在教導男女的性生理與性心理，也就是關於愛情的理論之後，才讓學生做這個報告。

有天，我讓學生在紙條上寫下自己的名字與電話號碼後交出來，臺下一陣騷動，滿是對約會作業的期待。

首先，會讓女學生抽紙條，但因為女生人數較少，紙條一定會剩下一些。這時，再請沒有被抽中的男學生們出來，由他們來抽女同學的紙條，決定約會的夥伴。

簡單來說，被抽中的女同學要約會兩次。而男同學們在第一次沒被抽中時，雖然會很失望，但還是會有自己抽籤的機會。之後再讓同學們叫喚自己抽到的名字，被喊到的同學要舉手，讓彼此認一下臉，雙方都能知道對方是誰。

確認自己的同組同學後，我會告訴他們約會規則，並請持有紙條的人先聯絡對方。我也會要求學生不要讓對方等太久，因為不論如何，約會的最好時機是在期待的小火花熄滅前，而且太晚聯絡，對等待的一方並不禮貌，也容易引起誤會。

這裡我先跟大家說一個小祕訣，那就是第一印象越開朗、明快越好，包含聲音也是。因此，在第一次打電話前，最好多演練幾次，以輕快的聲音邀約。如果要傳訊息，也要注意文字的氛圍。

當然，如果是在課堂上，這些小祕訣我都不會在同學繳交作業前告訴他們，因為透過自己的經驗習得的知識才是最棒的。

另外，在課堂上我們會討論與約會主題有關的內容。以前，約會一般都是由男同學主導，訂下約會細節後就執行。但是不知道從什麼時候開始，女同學也會主動參與制定約會計畫。

雖然大部分都會用通訊軟體來溝通，不過也有學生會約出來面對面溝通約會細節，頗有會前會的感覺。

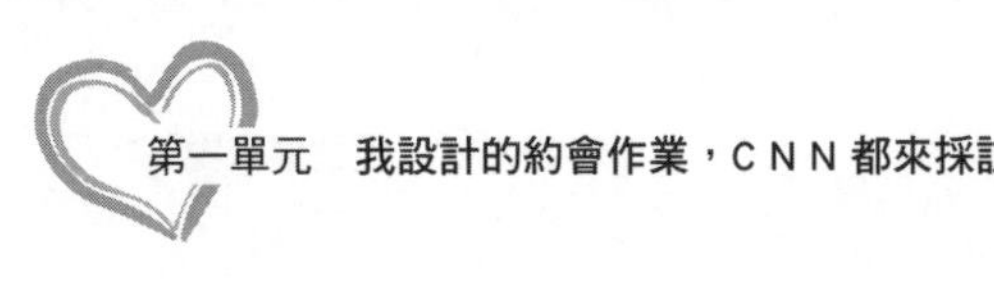

手頭不夠寬裕怎麼約會？

約會作業的最大原則就是AA制（指各自付款或平均分攤）。從見面一直到約會結束，能用的經費是各自五千韓元（約新臺幣一百二十五元）。

第二原則是必須安排三個活動。在四個小時的約會時間內，可以選擇一起喝茶、吃飯，看展覽、電影或舞臺劇，或是去公園散步、騎腳踏車等。

每次，學生們都會抱怨約會經費太少。其實，在物價飛漲的今日，要用加起來不超過一萬韓元（約新臺幣兩百五十元）來擁有一段愉快的約會時光，確實不容易。

因此，我也允許他們接受一次贊助，像是可以使用優惠券或是親友贊助等。在沒有親友幫忙的情況下，有些同學會去捐血（為了得到文化商品券），也有選擇去逛大賣場的美食區來體驗試吃約會，還有人會準備便當。

當得知有學生為了約會作業而去捐血時，我沉默了一下，但仔細想想卻也不覺得是壞事。學生們去捐血，不僅能體驗捐血，還能得到文化商品券以及捐血提供的麵包和牛奶。就國家的立場來看，能得到年輕、健康的鮮血，不也是件好事嗎？

最有趣的是，選擇帶便當的幾乎都是男同學。雖然有部分理由是為了向女同學展露自己的好廚藝，但應該也是因為「會做料理的男性」這個形象能為自己加分吧！而且根據後續報告可以發現，帶便當的男性全都得到很高的分數。

關於男同學帶便當，也免不了會有一些趣事。比如，有的媽媽為了兒子的第一次約會，很大方的買回了海苔飯捲的材料，結果兒子包的飯捲無一不是從旁邊破掉的，最後媽媽不得不挺身而出，替兒子做便當這樣哭笑不得的情況。

另外，我也會建議他們，如果其中一人負責準備便當，另一人也要帶些小點心或水果，強調約會都讓其中一方來負擔與準備的話，是違反規則的，這也是這項作業必須ＡＡ的理由。

很意外的是，學生們也會在路邊一起分著吃辣炒年糕或共飲一杯咖啡，也有同學會去學長姐打工的咖啡廳蹭吃蹭喝。不過到最後，一定還是會有同學抱怨錢不夠，沒辦法好好約會。

沒錯，如果經費充足，能吃的食物和能做的事情確實會變多，但這樣不就顯得這個作業太沒挑戰性了嗎？

很多年輕人都認為一定要有錢才能約會，就某種程度來說，的確也是事實。因為約會本來就是一種以獲得對方的心為目標的社交行為。但是，有時候我們雖然沒錢，也會想要見喜歡的人，不是嗎？

雖然讓大家進行沒錢的約會總是會招來抱怨，但我還是覺得這樣的約會，日後反而會成為很有趣的回憶。

剛開始，大家的確會覺得花錢約會很愉快，但在日常中不斷重複，就會變成一起吃飯、看電影，再去咖啡廳喝咖啡，最後各自回家這樣無聊的約會慣例。而同學們因為約會經費少，就必須**想盡辦法、動用想像力來豐富行程**，這是最大的優點。

而且老實說，每次都會有學生堅稱是因為經費不夠才沒有好的約會體驗，但是在聽了其他同學的報告之後，他們才發現在一樣的規則與條件下，其他人進行了非常有趣的約會，這時臉上都會露出沉思的表情。

我也會建議學生，在與不熟識的人初次約會時，盡量不要選擇需要長時間盯著前方，而不是看著彼此的活動，像是電影欣賞或舞臺劇觀覽。但如果同學們還是希望可以進行這類的活動，我也會囑咐他們，至少要花看電影的一半時間，面對面坐下來好好聊天，因為**第一次約會的重點就是好好了解對方**。

最後，不論學生自己是否有車，都**禁止開車約會**。因為開車比其他交通方式便利，也更容易獲得高評價，這樣對其他學生不公平，再加上開車就能規畫較遠的約會路線，發生危險的可能性也會相對變高。

同時，禁止開車約會也能夠避免進入他人——尤其是還不熟悉的人——的私人領域，所以約會作業禁止同學自行開車。

相同的經驗，不同的體驗：約會後報告

約會後，學生需各自撰寫報告，同時附上約會費用的收據與認證照片。而進行兩次約會的女同學，則須加上兩次約會的比較。

其實就算不特別交代，參與兩次約會的同學通常也會主動進行比較、分析。

讓同學們各自完成報告後，在繳交當天要碰面並將報告集合在一起。這樣做的原因是讓同學們知道，雖然雙方一同去約會，但是體驗卻是不同的。

如果兩人合交一份報告，就很難坦率的寫下自己的想法。往往會有學生認為這次約會的體驗很有趣，但他們的組員卻在報告上表示「不想再跟他約會」。

我會隨機抽同學上臺分享約會的點滴，通常會抽一位女同學和兩位男同學。先請男同學個別分享自己的約會實況後，再請女同學分享。最後再詢問女同學，如果是這兩位男同學提出第二次的約會邀約，會想跟哪一位約會。

雖然男同學們會大喊「好殘忍喔！」但其實女同學的評價往往都相當公平，且會顧及對方顏面。因為大學生們都很聰明，已經懂得不要讓對方下不了臺。

所以，很多女同學會表示自己選擇的原因是「一起度過的時光很開心」，也有不少人會回答「上次我的狀態不太好，沒辦法好好了解對方，因此希望能再次約會」。

當然，也有人問我，這樣對男同學來說會不會太過分，但其實我並沒有特別偏袒男女某一方，只是單純因為選修課程的性別比才這樣，如果以後女學生的人數比男性多，我也會問男同學同樣的問題。

這個約會作業至今已經進行了十年，也有很多花絮可以與大家分享。

曾經有一位女同學長年住在國外，因此想去首爾近郊走走，男同學不僅準備了便當，在不造成女同學負擔的情況下，還細心的幫忙預購去程與回程車票，並準備了相關的說明。女同學對男同學的體貼表示很感動，於是主動提出要上臺分享，那位男同學也因此變得非常受歡迎。

還有一對男女在新學期第一堂課上一見鍾情，一直都默默的沒有表示，沒想到運氣很好的抽籤抽到同一組。兩人的約會果然如期待般美妙，而在報告時，女同學因為太興奮，甚至說希望兩人能繼續約會、交往，讓眾多學生羨慕的跟著起鬨。

我卻不免有點擔心，因為就我來看，那位男同學相當重視隱私。在報告當天，他雖然因故沒有到課，但不知道是不是透過其他同學知道了女同學的發表內容，最後兩人並沒有順利在一起。

雖然也不能說是女同學大膽的報告，才讓剛萌芽、處在曖昧階段的情感見光死，但女同學太過著急表白，確實有可能讓男同學感到負擔。

在約會之後，課堂上總是充斥著奇妙的氛圍。不過大部分的情況都是做完一次報告就結束，或是以單方面喜歡對方的情況作結。當然，也會有人在學期末時才公開交往的訊息，並向我表達感謝。

02 怎麼跟一個不太熟的人獨處

透過約會作業，我想要讓學生學會的，就是「如果要和一個人共度幾小時，最重要的態度是什麼」。大家覺得是什麼呢？

在課堂說明前，我會先請學生們將答案寫在報告中。很高興的是，透過這四小時的約會，大家都已經有這個體悟：**最重要的就是對另一方的「體貼與尊重」**。

想要有場令人感動的約會，如果不站在對方立場思考，是難以達成的。從約會準備，一直到約會結束，體貼都是最重要的美德。

在景緻優美的步道或是公園漫步時，要留意對方的狀態，或事先告知對方有可能會走比較多路，建議選擇穿著比較舒適、好走的鞋子；留意對方進食的速度，並配合對方；若臨時發生事情導致有可能會遲到時，也應該先以電話或簡訊聯絡，徵求對方諒解……像這樣小小的舉動不僅能增加好感，也能讓約會更加愉快。

而要讓對方認識自己，最有效的方法是訴說，說明自己的想法與價值觀，這一點是很重要的。「交談」能幫助我們相互理解，也因此傾聽對方的話語正是關鍵。

雖然我們一直強調「傾聽」的重要性，但是真正懂得傾聽的人其實很少。所謂的傾聽，不是幫對方判斷對錯，也不是一味附和對方，而是真正努力站在對方的立場來理解他的想法。

這樣才不會當對方的想法和自己不同，就插話說「我覺得不是這樣」，或是表面上一直點頭，內心實則不以為然。

傾聽是不含私心的認真聽對方說話，思考對方想要表達的是什麼，然後先確認自己的理解是否正確，之後才提出自己的意見。

對詞彙的理解不盡相同

在這邊我想要和大家討論一下「話語」的模糊性。

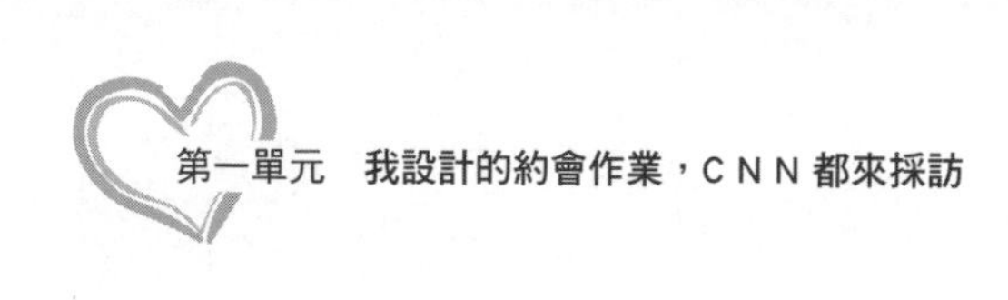

我通常會在開學時，和同學們做一個小小的實驗。我說：「現在請大家在腦海中想一下蘋果，吃的蘋果。」之後再一一詢問學生，他們腦海中的蘋果印象。

同學們的回答相當繽紛多樣，有紅蘋果、青蘋果、黃蘋果，甚至還有白雪公主的蘋果，也有很多學生回答會想到蘋果電腦的標誌。透過這個實驗，學生們也了解到，即使是日常生活中常見事物的名稱，大家對於這個名詞的想法卻是很不同的。

詞彙是具有模糊性的。人類為了溝通而使用文字這個標記方式，但事實上每個人對詞彙的理解卻不盡相同。連一般名詞的理解都如此不同了，何況是「美麗」、「帥」、「很棒」這樣的形容詞呢？雖然說人們會透過不斷對話來熟悉彼此的說話方式與用語，但也很常因為誤會與理解錯誤而發生爭執，甚至導致關係破裂。

對話時，如果對方心不在焉的玩手機，或是傳訊息給他人，都會令我們感到不受重視。這也是現代人太過依賴手機的弊病，導致人們無法集中於「此時和當下」。在約會時，「傾聽與專注」就等同於「體貼與尊重」。

另外，我也想和大家聊聊「以文字溝通」（Texting）的危險性。

現代人習慣以文字溝通（像是簡訊、通訊軟體）來取代直接見面或打電話，也有不少人是因為不想察言觀色，所以選擇使用文字。但用文字溝通很常會招致意想不到的誤會，尤其是跟不熟識的人更是如此，因為文字表達是沒有溫度與感情的。

剛開始邀約對方時，為了避免失誤免不了會使用較正式的語句，但是就受邀者的立場，讀起來很可能會覺得冷淡或是沒禮貌。

而朋友之間所使用的撒嬌般的語氣、親密話語，還有表情符號也要慎用，像曾有位女學生，在委婉拒絕男性提議的約會場所時，為了表達歉意於是傳了個比心的貼圖，而男同學因為搞不清楚這是拒絕還是喜歡，所以產生了誤會。

完成約會作業後，也會有那種外貌好、走到哪都成為焦點的學生人氣反而變差了，但之前不受矚目的學生人氣卻不斷攀升。這些都取決於他們在約會時，對另一方的體貼與尊重，以及與他人溝通的情況。

對男女雙方差異的理解

不斷致力於研究男女差異的心理學者們所提出的一個共通點，就是男性擁有卓越的空間感，而女性擁有優異的言語能力。

男性能夠看得較遠，且能明確分辨聲音方位（反之則常找不到近在眼前的東西），路邊停車也不是問題，這些都歸功於卓越的方向感，看著地圖很容易就能找到地方亦是。然而，對女性來說，說明地形地物更能有效的幫助女性準確找到位置。

另外，女性一天使用的詞彙量高達兩萬多字，但男性卻僅有七千字；男性偏向有話直說，女性則喜歡使用隱喻或是間接的說。

讓溝通方法與想法皆不同的男女相互理解，也是約會作業的目的之一。雖說光靠一次的約會，要讓同學們都理解男女的性別差異是很困難的，但至少還是能很清楚的讓大家體會到，男性與女性是「不同的」。

男女不論是在找路的方法、溝通方式以及生氣和消氣的方法，甚至連親近的方法也不同。雖然這其中也存在個人差異，但性別差異也確實存在。

性別這樣天生的生物學特質是確實存在，而除了這樣基本的性質外，個人生長的文化與環境的影響也不容小覷。尤其是男女都會受到社會環境與文化的影響，更造就了今日的差異。但可以確定的是，因為彼此有很多不同，所以更應該認真去了解。

03 在你決定人生的真命天子（女）前

約會作業不是配對（matching），因此我不會特別期待學生因為這項作業而交往。之所以用抽籤來決定約會對象，是因為對所有人來說，第一次開口和陌生人說話、邀約等都是很困難的事情，而抽籤能減少學生的負擔，即便是完全沒有跟異性交往過的「母胎單身者」也不需要特別擔心。

雖然也會有人剛好幸運的抽到自己原本就關注的對象，不過大部分的人根本無法預測會抽到誰，也就是完全看運氣。

我覺得，反而因為幾乎不可能抽到自己的理想型，所以更顯得公正，也更喜歡這個做法。我希望學生能透過與「不怎麼期待的人」約會，來體會到「雖然不是我的理想型，但是實際相處過後發覺對方很有魅力」，而這樣反轉的情況也確實很多。

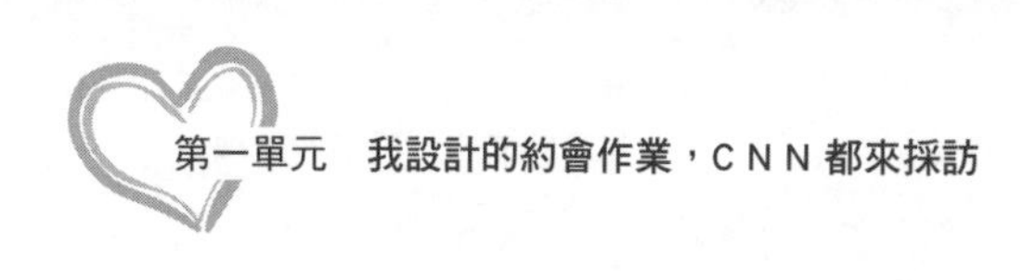

在選擇戀人時，很常會以從小就記在心中的條件為框架。而這也被我們稱為陷入愛河的第一個關卡，就是「吸引力」法則。

像是擁有大眼睛、波浪長捲髮、纖細手指的人，或是笑起來眼睛會像彎月一般的人（主要是遺傳學上的外貌條件），這些都深深刻在我們腦海中。

知名的精神醫學博士兼性科學研究者約翰．曼尼（John Money）稱此現象為愛情地圖（Lovemap）。換成白話來說，大概可以稱為「理想型地圖」。

因此，就算周圍的人介紹了「不錯的人」，我們也會因為對方不符合自己的條件，而選擇不去認識他。但是，這世界上沒有人是毫無魅力的，而且有時候不懷特別期待的見面，反而會遇見與自己心靈相通且價值觀相似的靈魂伴侶。

跟大家講一段小故事：

有一個女生去聯誼，結果因為對方的外貌不是自己喜歡的類型而感到失望，在喝了茶之後就提出「自己晚點還有約」，打算要先離開。

這時，男生很慎重的說：「如果妳不是很趕，要不要一起吃飯再走呢？我預約了某某餐廳，但是我一個人沒辦法吃下兩人份。」這個餐廳是非常有名的美食餐廳，而且評論上都說非常難預約。

女生思考了一下，就回應男生說：「不然就一起吃個飯吧？」

這個男生對於「聯誼後被留下」應該已經習以為常了吧！但他是個寬容且幽默的人，也很喜歡這個女生，為了想要獲取她的芳心，所以已經事先從介紹人那兒打聽了女生的喜好，並預約了難訂的餐廳。當然，那天老天爺也很幫忙。

當天因下雨而嚴重塞車，兩人被關在男生的車上一個多小時。

但兩人在車上談笑風生，女生幾度開懷大笑，甚至都沒感覺到時間流逝。也因此，這個男生在女生心中留下了「充滿魅力的男人」的印象，最後這對情侶攜手步入了婚姻的禮堂，現在過得非常幸福。

女生說：「如果我當時真的喝了茶就走了，就錯過這麼溫柔且愉快的人了。」

我常勸大家在決定「就是他（她）了」之前，要至少結識三十個人，但其實最好能認識的人都認識看看，並且盡可能或深或淺的了解一下。

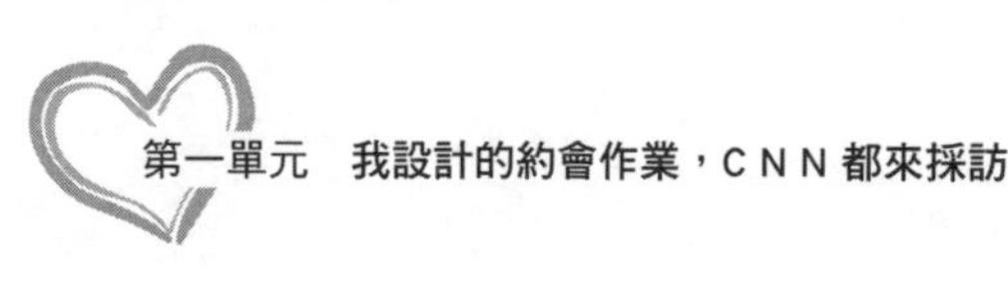

地球上一半是男人、一半是女人，再加上現在旅遊變得容易了，因此不只是韓國人，還可以跟法國人、英國人、印度人等不同國家、不同人種的人墜入愛河。

當然，能經常見面與地理位置近的人較容易開始一段戀情，但搭飛機時，在偶然的機會下與隔壁的乘客陷入愛情，也不是不可能的吧？

還有，如果想要維持一段長久又深刻的關係，並希望能為彼此負責，光靠一見鍾情是不行的。大家要知道，像羅密歐與茱麗葉般一見鍾情的人，一百萬人中只會出現一個，而由一見鍾情到成功戀愛的可能性更低。

不知道如果羅密歐與茱麗葉順利結婚並一起生活，他們是不是還能維持這份熾熱的愛？雖說只談一次戀愛，就能找到一起同行的伴侶是非常幸運的事情，但在我們決定和一個人長長久久的一起走下去之前，建議大家不妨多多認識不同個性或是擁有不同價值觀的人。

在課堂上，我舉了這個例子。假設今天要去百貨公司買一件非常高級、正式的服裝，如果已經下定決心要花大筆金錢，大家會不加思索就買自己第一眼看上的衣服嗎？或許有不少人會。但通常我們要買越貴的衣服時，是不是還會帶朋友一起討論，在腦中想像一下它跟自己衣櫃裡的衣服搭不搭。

對於一件最久大概穿個十年左右的衣服都會這麼認真（更何況衣服還不會跟你吵架），對於往後要一起生活幾十年的人，當然更不能光靠一眼就定終身。

我也經常看到有些在婚前與許多人交往，遊戲人間的花花公子與花蝴蝶，在婚後反而都能回歸家庭好好生活。雖然，這或許也是很理所當然的。因為他（或她）已經交往過許多人，很確定怎麼樣的人才適合自己，且因經驗豐富，之後不論和什麼樣的人相處，也都更能把握分寸吧！

愛也需要學習。人的類型有幾千、幾萬種，而愛的模樣也是。所以要多談幾段不同的戀愛，才能理解自己與對方愛人的方式，也了解自己墜入愛河的模樣，進而談一場更像自己的戀愛。

如果能經常坦誠的與對方分享對彼此的感受，就能透過練習來培養溝通的能力。多認識一些人，也能培養自己看人的眼光，分辨適合自己的人，與對方產生糾紛時，也能圓滿的處理，學習維持良好的關係。

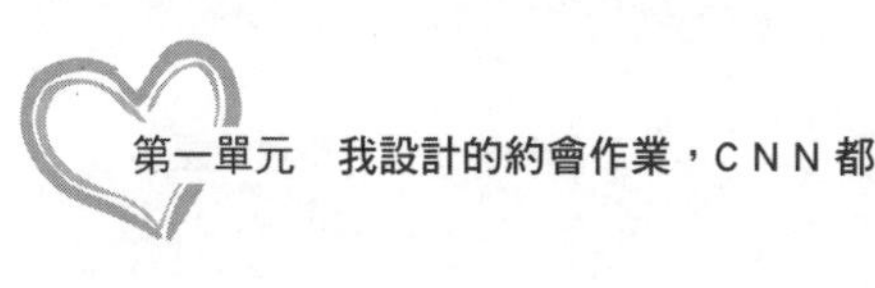

04 談戀愛，請避開這些人

剛成為戀人時，是無法客觀看清對方的，而當「全世界都繞著對方轉」的光環消失後，對方的真實樣貌才會一一顯現。

一開始，大家都會避而不談或是找藉口合理化對方的行為，但就像雲霧終會消散一樣，隨著戀愛時間拉長，我們才能更客觀的認清楚對方的全貌。

我們都希望能遇到「好人」，但如同電影中的反派，沒有人一開始就是壞人。人們都有著許多面貌，像殺人犯也可能是個乖巧的兒子或好哥哥。

此外，就算有個人對所有人來說是好人，但不見得對我們而言也是。所以，對我們好的人，才是所謂的「好人」。

在「性與文化」這堂課中，我與學生們分享了戀愛時，必須避開的人的特質：

談戀愛，請避開這些人

* 不正直、愛說謊。
* 約會常遲到或臨時爽約。
* 價值觀不同。
* 不把生日或紀念日放在心上。
* 不回電話或訊息。
* 不切實際。
* 沉迷藥物、賭博、酒精與性愛。
* 占有慾超強。
* 過度美化自己的父母。
* 對金錢異常執著。
* 言語或肢體暴力。
* 有強迫傾向：逼婚。

以上列舉出的類型，還是盡可能不要與他們交往比較好。

有很多人，尤其是女性，總以為自己的愛能治癒對方的缺點，誤以為自己能讓對方變成更好的人。但一個人的改變需要強烈的契機，並且由自己下定決心才可能發生，他人的愛、關心與建議並不足以改變一個人。

在韓國，我們將女孩的這種錯覺稱為「平江公主症候群」。平江公主是個賢內助，傻瓜溫達在她的教導下成為拯救國家的大將軍，而女孩們希望自己能像平江公主一樣，相信自己能改變所愛的人。但是，希望大家盡快摒除這樣莫名的自信心。

雖然我們上述說的是對方的條件，但事實上，這些條件也適用在我們自己身上。我們需要更客觀的檢視自己，因為愛是兩人一起共享的，所以我們和對方都需要是彼此的「好人」才行。

不正直、愛說謊

如果在過於嚴格的家庭教育之下長大，那麼從小時候開始，被教訓的情況可能會比鼓勵和共鳴來得多。而經常受到指責的孩子們，為了避免家長的責備，就容易找各種藉口，想方設法尋找逃脫的出口。

因為大部分的教訓（尤其是伴隨體罰時）都只會導致恐懼，而非反省。所以，如果在孩子犯錯時，每次都嚴厲懲罰，孩子就很容易成為慣性說謊或卑鄙的人。

一旦發現對方並不正直且說謊成性，最好在感情變更深以前分手。否則之後就只能一再被騙，或是為了原諒他，不斷說服自己，而我們終究會厭倦這樣的情況。

約會常遲到或臨時爽約

約會，是去見有好感的人，也因此根據對對方好感程度的多寡，付出多少心思也會隨之改變。如果對方總是遲到、臨時變更或忘記約會，那麼你真的需要好好思考，這個人是不是真的有把你放在心上？是不是真的對你有好感？

人們在做自己喜歡的事情時總是格外認真。所以如果你真的喜歡對方，卻每次約會都遲到，最好能盡快改掉這個壞習慣。可以試著將錶或手機調快十分鐘，或是設定鬧鐘提醒等。

遵守時間是所有約定的基本，而是否守時也能看出一個人的品性與自我管理能力。請將約會時間定在能遵守的時間，並且確實的達成。

有些女性認為早到很傷自尊，即使已經提早到了約定的地點，也要故意等男性抵達後五分鐘，才假裝姍姍來遲。希望大家不要這樣，建議應該提早十分鐘抵達，就能在稍微整理服裝後，從容的坐下等待，反而更能將主導權掌握在自己手上。

每次都遲到，急急忙忙、頭髮亂飛，一衝進來就急著先說「不好意思」，這樣的開始反而給人印象不佳。提早到不僅看起來從容不迫，還能提升好感。

面對因來不及而推延約會或是變更時間的人，也不需要多做考慮，可以立刻讓他出局！因為對方要是真的喜歡你，是絕對不會這樣做的。

價值觀不同

分手時，大家總會說是性格不和導致，但其實很多時候都不是性格不和，而是價值觀不同。一個人價值觀的形塑，是從小時候的環境、經驗與教育中而來的。因此如果周圍都是「成熟且好的成人」，真的是很幸運的一件事。

相互了解彼此的價值觀是非常重要的事情，包含對愛情、工作、金錢、職業、婚姻與養育子女的看法。

個性可以相互配合，但從小養成的價值觀卻無法輕易改變，因此談戀愛時應該要坦率且持續的對這些部分進行對話與協調，像是對愛情、工作的想法、怎麼賺錢又如何做資金規畫，還有婚姻觀、家庭觀，甚至之後子女的教養方式等。

在漫漫人生路上，如果攜手相伴的是一個懂得分享、懂得為他人考量的人，不是會更美滿嗎？

此外，支持的政黨或政治理念也要盡可能相似才行。雖然若其中一方沒有特別的政治傾向，就不太會因此而吵架，但如果雙方都是政治立場鮮明的人，這就是個非常嚴重的問題。

因為政治對日常生活的大小事影響甚鉅，而比起以前，現在更常看到夫妻或戀人，因政治見解不同而吵架甚至分手、離婚。這也讓我不禁思考，要一方一直無條件遷就另一個人的意見真的是很難的事情。

職業觀以及對婚後生活的協議也很重要。之前，我認識一對從學生時期就交往，後來順利結婚的夫妻。原本，他們都認為對彼此非常了解。

本來婚後兩夫妻都在上班，但小孩出生後，公婆就開始要求媳婦辭掉工作，專心在家帶小孩，理由是兒子的薪水足以養家，認為媳婦在家當賢內助比較好。妻子之前曾靠獎學金申請上研究所，且工作非常穩定。對妻子來說，成就感是非常重要的，也希望能繼續工作。

她認為丈夫非常了解自己，因此希望他能一起分擔照顧孩子的責任，討論可行的解決方法，但沒想到丈夫也認為妻子的收入較少，理所當然應該辭職在家顧小孩。

最後她不得不辭掉工作，現在社會經驗也有了斷層。

她表示，比起擁有男主外女主內這種傳統思想的公婆，其實對丈夫更加失望。她說：「他不僅是我的丈夫，更是相處很久的朋友，但是卻完全不了解我的夢想、學業和工作。」

對丈夫來說，工作的目的是為了賺錢，只是個「經濟目標」，因此認為自己賺的已經足夠了，就不需要妻子在外工作了。

最終，妻子為了「愛情與伴隨愛情而來的責任」犧牲了自己的幸福。若想要避免這樣的糾葛，在戀愛時就應該經常、多多的與對方談論彼此的價值觀。

不把生日或紀念日放在心上

有很多人會裝酷的說：「我連自己的生日都不記得。」當然，這通常都是在對方不記得自己生日時，內心有點傷感而說的話。雖然隨著家風的不同，有些家庭真的不過生日，但大部分的家庭應該還是會慶祝生日，以及其他值得紀念的日子。

如果你的對象說：「生日又沒什麼大不了的」、「每天都是生日」，那我希望你能認真的考慮一下。

世道這麼艱難、人生這麼苦悶，難道期待另一半記得我們的生日，帶著「真心祝賀你來到這個世界」、「不管別人怎麼說，你的出生是我生命中一大幸運」的心意為我們慶祝，是很過分的事嗎？除了生日，像是交往紀念日、聖誕節等節日，還是應該要特別慶祝才好。

雖說現在情侶的節日真的很多，像是玫瑰情人節、光棍情人節（或雙十一、PEPERO DAY[2]）等，大都是商家為了促進消費的發想，因此不慶祝也沒關係。誠然，浪漫的驚喜能為戀情加溫，在紀念日時一起享受美味的餐點也很令人期待。

但大家一定要記得，要是紀念日太多，會造成經濟上的負擔，而過高的期待也會讓關係惡化。

某些日子需要紀念的理由，不是因為那一天很特別，而是因為我們所愛的人認為那一天很重要。慶祝與準備禮物，應該是雙方都要為彼此做的，不應該只讓某個人單方面付出。

另外，想要製造驚喜也應該有分寸。我曾經聽過有女生說，她的男友非常喜歡製造驚喜，但對她來說，過於頻繁的驚喜反而是一種「驚嚇」。

像是突然送玫瑰花（雖然收到花很浪漫，但隨時隨地送到她所在的地方，常會令她不知所措）、自作主張預約電影票或是規畫旅程，完全不管她的喜好與行程。

而且因為男友好像一直看不懂暗示，她只好不斷調整自己原先的安排去配合他。有一天，女生說她甚至開始懷疑男友是不是只在乎他自己的心情。

2 編按：與臺灣將焦點放在單身者不同，在韓國，光棍節是表達感謝與愛意的日子，會買 PEPERO 巧克力棒來分送給親朋好友與情人，因此也稱作 PEPERO DAY。

希望大家能夠理解，驚喜是偶一為之才能既驚又喜，如果常常發生，可能就會變成根本不為對方考慮的「暴力行為」了。反過來說，每次紀念日都期待對方一定要有所表示，另一方可能也會覺得心累。

所謂驚喜，要像久久一見的煙火，它的感動與餘韻才能長久。

不回電話或訊息

不回電話、電子郵件與訊息，或是總是很晚才回的人，大家也要好好考慮。

一般發現有未接來電時，馬上回電是基本禮貌，更何況對方是我們深愛的人。但是如果你打了很多通電話，對方都不接，只在他自己想聯絡時才打給你；或是對之前沒接電話的事連個道歉都沒有；甚至連傳給他的訊息，也要過好幾天才回覆，真的要認真想想，這個人是不是真的在乎你。

說句玩笑話，對男性來說，只要喜歡一個人，那怕下一秒要上戰場都會想辦法聯絡到對方（女性也是，但情境則另當別論）。

我在經歷多年的職場生活後，從成功人士的身上發現了一個共通點，那就是迅速回覆，不論是電話、簡訊或是電子郵件。

就算不是完整的回覆，也一定會先向對方表示已經收到。因為他們顧及對方的心情並試圖提供幫助，這樣的態度讓他們在社會上成為值得信賴的人。

另一方面，我們也要檢討自己是否太頻繁的打電話或是傳訊息。

如果一天到晚傳訊息問對方幾點起床？現在在吃什麼？跟誰見面？甚至拍很多照片傳給對方，並希望對方能回傳給你，這樣的行為，會讓關係很難維持。

越是相愛的人越需要「自由」。一段關係的空間越狹窄，反而會讓人覺得「還不如一個人」。也因此，最穩固的愛情是「既獨立又互相的」，每個人都各自過好自己的生活，然後跟戀人相處時火熱的相愛吧！

沉迷藥物、賭博、酒精與性愛

不只是藥物、酒精與賭博，還有對性愛上癮的人，都要特別小心。最近透過很多不同的管道得知藥物中毒的人越來越多，真的很令人擔心。

雖說這可能是千篇一律的叮囑，還是要再次呼籲大家絕對不要碰安非他命、海洛因或大麻等毒品。近來，比起自己沉迷於毒品的，更多都是因為一時的好奇心，或是在朋友的誘惑下不小心接觸而成癮。

還有，抗精神病藥物也要特別注意，雖然不是毒品，但也很難戒除，因此一次的好奇心就足以賠上終生。此外，酒精、賭博與嫖妓也一樣。

所謂的成癮，是指持續六個月以上依賴此事物或感情，且有危害日常生活之虞。尤其是性愛成癮，比起其他的成癮問題更難根除。

性愛成癮不只是依賴某物質，而是強烈希望藉由他人，獲取肉體上及心靈上的安慰。性愛成癮的治療極其困難，可以說是除了「皈依宗教」之外幾乎別無他法。

占有慾超強

「你是我的吧？」、「我是你的！」這樣的話，在戀愛初期聽到時，會覺得心裡甜滋滋的，但當這樣的確認不斷持續時，雙方的內心都會很容易感到不安。

就算是相愛的人，怎麼可能會屬於另一個人呢？尤其我們是擁有自主意志的人。雖然剛開始會覺得浪漫、興奮，但持續不斷只會變成對方的負擔。

愛應該要由認知與尊重對方的「存在」開始，而不是將對方視為「所有物」和「附屬品」。像這樣占有慾很強的人，即使分手了，也很容易因為無法放手而犯下跟蹤、騷擾及尾隨等惡行。

過度美化自己的父母

動不動就說「我爸爸……」、「我媽媽……」的人也要小心。

尊重父母是好事，但如果事事都以父母為基準，這樣交往下去應該會很累吧？跟這樣的人在一起，可想而知就連很小的事情也要一一徵詢父母的許可。

當雙方都以成人的身分從原生家庭中獨立出來後，能不能過著自主自律的生活真的很重要。此外，所謂真正的自立，應該是在經濟上和心理上都要能為自己負責。戀愛的雙方既然是以成人的身分認識、相愛，就應該成為自己人生的主角。

對金錢異常執著

以下是一位女學生對我訴說的煩惱：

「我男朋友真的很會精打細算。這的確是個優點沒錯，但讓我傷心的是，每次約會都是我付的錢。因為我們是遠距戀愛，所以週末時男友都會來我住的地方找我，也幾乎都是在我的租屋處做飯吃。當然，買菜也都是我付的錢。

「而男友說他最近開始儲蓄了。那我呢？我最近只要打開錢包就忍不住開始計算。我真的不知道還能不能跟他繼續交往下去。」

因為覺得與愛人間還在計較誰出的錢比較多，感覺很羞愧，所以一直無法說出口；但也因為每次都一個人承擔全部的約會費用，開始忍不住發脾氣。

沒錯，在愛情中，「金錢」也非常重要，尤其在資本主義社會更是如此。嚴格說來，幸福也需要一定的金錢保障，不是嗎？而實際上，在情侶分手的原因中，「錢」總是排在很前面。

但最有趣的是，金錢其實也反映了心之所向。也就是說，我們喜歡誰，就會為誰花錢。喜歡一個人就會想買東西給他、想為他多做些什麼。

當然，通常都是經濟條件比較好，或是比較熱衷給予的人付出較多，但如果想要維持愛意，雙方都必須付出，而不只是單方面的。

哲學家兼作家紀伯倫（Kahlil Gibran）在名為〈論婚姻〉的詩中有這樣的句子：「相愛吧……互相斟滿酒杯，不要獨飲。」因為愛不能僅靠一個人的犧牲來成就。

我建議戀人們要合理規畫約會的費用。不是嚴格的「各出一半」，而是像是男生請吃飯，女生就請喝酒；男生付電影票，女生出飯錢，或是根據收入的比例來負擔開銷也不錯。

只覺得自己的錢很珍貴的人，面對愛情也是一樣。

重視金錢並能精打細算很好，但要是把錢的優先順序放在人前面，那可就不行了。如果住在一起，愛情的品質就會取決於各自對金錢的管控與使用。簡言之，彼此對金錢的價值觀決定了愛情的品質。

言語或肢體暴力

「不久前，我朋友被她男朋友打耳光了，而且好像已經不是第一次。當我說這就是約會暴力時，朋友還說『不是啦，他只是因為太擔心我，生氣了才會這樣。他很關心我的』，我到底該怎麼跟她說呢？」

「我跟女朋友吵架了。女朋友不僅對我動手，還口出惡言，大力的拽著我的衣服，襯衫的釦子都被扯掉了。吵架時，動手的情況越來越嚴重，最後才哭著道歉。我雖然很愛她，但真的不知道該怎麼辦。」

最近有關約會暴力的議題甚囂塵上，約會暴力包含使用暴力的言語與行動。雖然在青少年時期，孩子們會故意說髒話來表達自己的反抗意識，但是當長大成人後，就

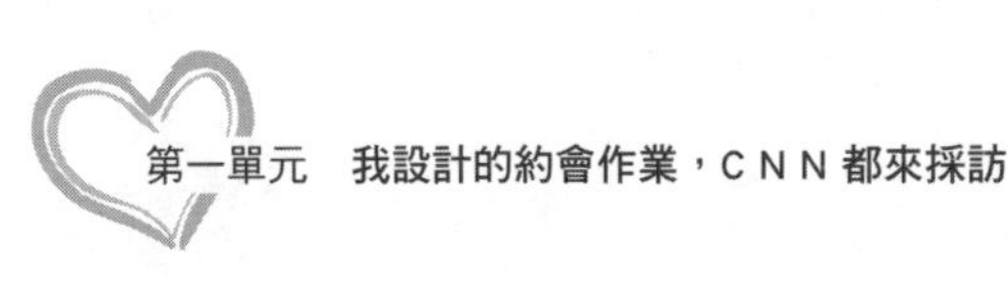

需要為自己的言行負責。

會以言語或行為傷害戀人，要不是因為看不起對方，認為自己可以隨心所欲，就是無法控制自己的怒氣。要注意，髒話和暴力行為都只會越演越烈，因此應該盡量遠離這種人。

此外，也有許多方法能幫助大家「看人」。像是跟朋友一起喝酒，可以觀察他的行為，有些人喝醉後就喜歡惹事生非；也可以一起去爬山，不要兩人單獨去，而是邀約一群人一起去，這樣才能看到他平常的樣子。

看他是自顧自一個人向前走，還是會照顧他人；還有，玩一些要分擔費用的遊戲，也能看清一個人。可以觀察他是愉快享受遊戲並公正的人，還是輸錢就會發脾氣或是酸言酸語的人，或是會騙人，吵著不算數、要重來的人。

細心而溫暖的日本作家米原萬里，曾在她的書《美食見聞錄》中提及，「一起吃飯」是了解一個人非常重要的方法。這個人是否偏食？吃飯的習慣與速度為何？將食物放進口中的一連串動作，甚至咀嚼的方式等，都應該仔細觀察。

面對第一次看到的食物，也不會特別排斥，願意嘗試看看的人，在面對未知的挑戰時，通常也較願意打開心扉。

結論是，只要你願意在日常生活中多花一點心思觀察，就能知道對方是怎麼樣的人。希望大家都能培養識人之能，找到「最適合自己」的人。

跟自己合得來、不需要特別費盡心思討好、喜歡我們原本的樣子、體貼，且我們也喜歡的人，就是最適合的人。

勇敢示愛，但要有禮貌

近來最可惜的，就是人與人之間連見面都變得不容易了。因為新冠疫情，人們越來越習慣維持著距離，也因此越來越難自在的與不認識的人相處。

在我年輕時，有很多可以偶然「撿到」戀人的機會，像是搭公車時突然捕捉到某人的目光，忍不住也向對方看去；或是以一句「一起喝杯茶吧！」就這樣拉開約會的序幕；也會有男學生在教室外等候女學生，然後展開邀約。這些都相當浪漫。

雖然對那時的我們來說，跟陌生人說話也需要鼓起很大的勇氣，然而如果不能注視著對方並開口說話的話，又怎麼會有後續的約會、戀愛還有相愛的機會呢？所以，就算不是什麼驚天動地的相遇，也希望大家不要太過害怕跟陌生人說話。

這世界上善良，且願意跟初次見面的對象說話的人，比我們想像的更多。

一直宅在家，怎麼可能找得到對象？

最近認識一位三十歲出頭的電視導播，他對我吐苦水說：「我想談戀愛，但是不知道該去哪裡認識對象？」還說因為工作作息不正常，根本沒辦法認識異性。

我回答他說：「那就多去年輕女性常去的地方啊！」像是圖書館、健身房、美酒同好會等地方。

如果想要結識某種人，去能夠見到他們的場所，不是理所當然的事情嗎？嘴上說著想戀愛，但一到週末就宅在家看影片，讀書也一個人、運動也一個人，那麼你何時才能找到新對象？這不是比守株待兔還來得更消極嗎？

雖然現在透過聯誼認識對象是主流，但偶然遇見的情形也不少。像是在學校經常碰見，或是在學校餐廳併桌吃飯，又或者在圖書館時恰好坐在身邊的人、在外用餐時一眼看到的人等，甚至透過像是Tinder這樣的線上約會軟體，也都能找到對象。

或是去打工、登山同好會、慢跑快閃活動、讀書會等，有相同興趣的人都能透過這樣的小聚會來遇見新的緣分。雖然目的是為了找對象，但也沒必要勉強自己去參加根本沒興趣的聚會，或是在聚會中只盯著異性不放。

最重要的是打開心房，並隨時做好迎接新緣分的可能性，因為不論是想成為朋友或戀人，能鼓起勇氣向有好感的對象開口，緣分才會到來。

不過，雖然以開放心胸來迎接新對象是好事，但還是有幾點必須注意。如果是實體活動認識的人，我們可以看到對方，並確認對方的聲音、表情與態度等細微的資訊，但線上認識的情況需要格外小心。

因為網路的匿名性強，也有很多人會盜用他人的照片和資料。雖然最近因為交友軟體認識而步入婚姻的情侶增加，但使用交友軟體的人當中，想要找一夜情的人比找交往對象的要多，這也是無法否認的事實。所以應該要特別注意，在正式見面前不要透漏太多關於自己的身家資料，以免發生危險。

騷擾與否，取決於面對拒絕的態度

如果有了感覺不錯的人，並與對方見了幾次面以後，不妨先開啟話題。

「我們是不是見過？」、「我常常看見你一個人坐在公園」，如果對方愉快的回應你，那就可以互相交換名字、職業、住的地區和聯絡方式等。但如果對方的反應很冷淡，那就表示對方對你不感興趣，因此最好鄭重的向對方道別。

拒絕的理由，可能是因為我們並不是對方喜歡的類型，或是對方已經有對象了，可能性很多。也有可能是我們說話太過猶豫不決，或是根本不聽對方要說什麼，只自顧自說話等。

雖然我們想要介紹自己，進而認識對方，但是話說太快或太多都不好，最好能察言觀色，掌握適合的速度。

不論男女，先打招呼並說話都需要極大的勇氣。但要是想向對方表達好感並開始一段關係，**「先開口說話」確實是最有效的方法**。最重要的是要相信自己懷著善意，因此**就算自己先開口卻被對方拒絕了，也要能鄭重接受這個事實**。

有人拒絕我們，不是因為我們不夠好，僅僅是因為我們不是對方想要的人。拒絕的理由很多，不需要因此感到生氣或氣餒。表達好感和騷擾的差別，就在於能否接受對方拒絕的態度與行動。

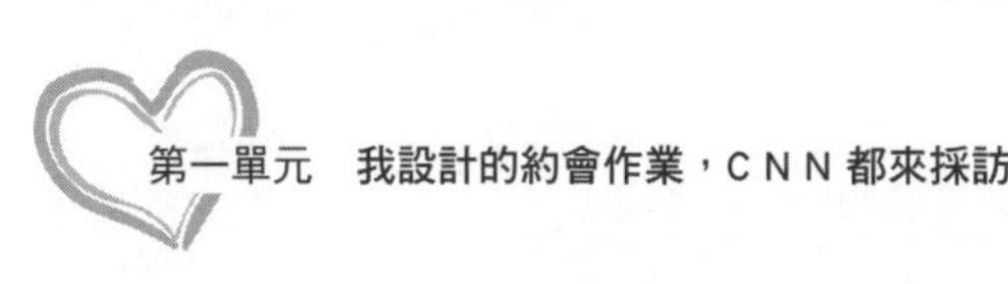

當然，被拒絕會有點丟臉又有點可惜，不過，我們總能再遇到有好感的人。所以即使被拒絕了，大家一定要在內心肯定自己，是個勇於向喜歡的人表達心意的人。

如果遇見有好感的人，就主動開啟對話吧！以有禮貌的態度靠近，很有可能會成就一段姻緣。先向陌生人開口說話，感受心臟撲通撲通的跳，然後等待，這些過程都是贏來愛情的前奏曲。

戀愛是加法

青年時期，男女互相吸引的能量是一生中最強烈的。如果說青春本就會想更了解他人，進一步去愛一個人，甚而找到想相伴一生的伴侶，真是一點也不為過。

當然，能夠遇見一個人並與之相愛，並沒有特別限定的時機，但一般而言，我們會為愛「不顧一切」的時期，約莫都是在青年期。

不過現在很多年輕人都不再追逐情愛，反而忙著考執照以利就業，或打工賺錢、準備考試等，對於戀愛，則覺得可以等這些事都處理好之後，再來慢慢考慮。我真的覺得很可惜，原來「示愛」已經消逝在這個年代。

年輕人表示，在現代社會中花時間跟人約會、相愛或尋找那個會一直站在自己身邊的隊友是很困難的，有那個時間還不如更努力的準備就業。

但是，為什麼約會與愛情會阻礙未來呢？為什麼愛情對未來而言，是必須捨去的減法呢？去見自己喜歡的人，一起聊天、玩耍、分享愛意，對人生來說應該是加法吧！因為戀人是能讓我們產生力量來克服困境的存在。

其實也有很多人在準備就業時，不論是去補習班或是埋首在圖書館讀書，身邊都有戀人為他們加油。當補習班下課後，飛奔到約會地點，重新補充滿滿的能量。

愛就是這樣。即使心中不安無法輕易吐露，該做的事情堆積如山，但只要想到戀人，就會充滿力量。戀人，光是存在本身就足以讓人從失敗中再次站起來，這些都是來自戀人的鼓勵與支持的力量。

人生在世，不管再怎麼艱難，有些東西是一定要攜手同行，有些東西一旦錯過就無法得到，會永遠失去，其中，戀愛更是如此。

媒體不斷報導「錯誤的邂逅」與「危險情人」，也加速了示愛消失的速度。

最近男女從交往到分手後，發生危及安全的事件經常被報導，也讓兩性對戀愛都變得消極。女性對待異性關係變得更加小心，而男性也害怕自己被當成危險分子所以裹足不前。

雖然對善良的男性來說，可能會覺得這樣一竿子打翻一船人相當不公平，但是實際上男女交往的過程中，出現強硬行為的還是以男性居多，因此大家也不要過於責怪女性的小心翼翼或杯弓蛇影。

而女性真正想要的男性，是不會將自己的力量強加在弱者身上，且能體貼並尊重弱者、懂得照顧弱者的寬容之人。事實上，這樣善良又優質的男性，遠比「不能控制力量與感情」的男性多，但是他們並不太會特別表現出來。

希望在我們的社會中，像這樣正直又善良的男性能多多為自己發聲。如果他們能站在弱者的立場為弱者發聲，相信女性們一定會以更積極的態度來開始一段愛情。

何種特質的人，男女皆愛

論吸引人的點，真的就跟人類的數量一樣多樣，不過還是會有一些共通點。簡單來說，像是美麗出色的外貌、優美的嗓音、氣味、經濟能力、性格與溝通能力等。

外貌取代能力，是經濟自主的緣故

一般我們認為的「美麗的臉」，指的是五官協調的臉。當然，不是完全不顧及眼睛的大小、形狀與顏色、鼻梁高低、嘴脣顏色與厚薄等細部條件，但所謂的「美麗」，與「臉部整體的協調感」更相關。

以小孩子為例，他們並沒有對外貌先入為主的偏見，但可以發現小孩子常常會盯

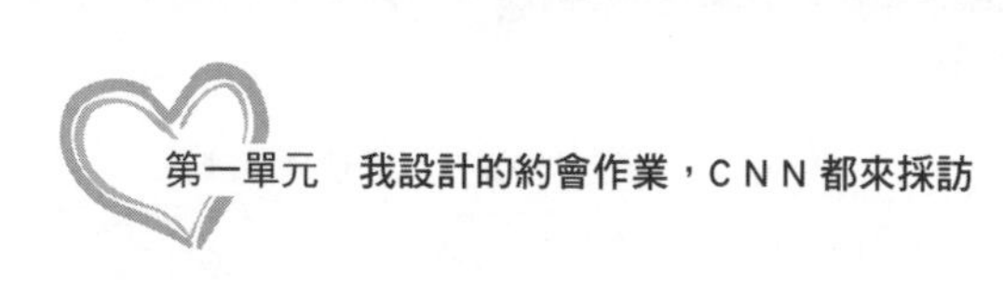

著外表美麗的人，這也表示人對於美麗外貌的喜好與基準應該是天生的。

美麗的臉應該是左右對稱的，尤其一般認為美麗的臉是兼具男性與女性特質的中性臉。還有，人也會傾向被與自己相像的臉吸引。所以，雖然我們常說情侶會隨著交往越來越像，但很多時候是他們原本就選擇了與自己相像的人。

進化心理學做了很多有趣的實驗。在短暫的交往中，人們普遍更在意「外貌」，但是在長期關係中，「性格」卻更重要。另外，韓國女性特別在意男性的身高。

可能也不只是韓國，應該是全世界的女性都喜歡高大的男性，據說這是因為對靠腳直立行走的人類來說，身高是最容易比較的點。而進化心理學則解釋，是因為高個子的男性通常都會有寬肩和長臂，更能保護女性，給女性安全感。

不過有趣的是，當人們陷入愛河時，會傾向給予對方超過實際外貌的高評價。

很多人在批評「外貌協會」時，往往會認為這是男性的通病，但其實女性也很「看臉」的。最近日本進行了一個名為「年輕女性擇偶條件」的調查，第一名是「外貌」，第二名才是「能力」。

調查結果顯示，一直以來占據第一名的「能力」已經被取代了。不過根據研究方解釋，這個變化應該與日本女性大量投入職場，有了經濟能力有關。這個實驗結果也令我不禁開始思考，原來外貌順位的上升，竟然是經濟自主的緣故。

與日本的研究相比，韓國男女在類似的調查中，均回答以「個性」為優先考量。最重要不是外貌或能力，而是對方的個性與生活態度，這真是令人欣慰的答案。

嗓音，帶來不同的印象

有比用「小夜曲」來告白更有效的嗎？

會唱歌的雄性總是會讓人覺得格外有魅力，也因此像是鳥類或鯨魚在求偶時，都會唱歌，且早起唱歌的雄性有更高的機率能被雌性選中，所以請大家不要討厭那些在枝頭為愛歌唱的鳥兒，不要怪牠們擾人清夢。

女性喜歡的聲音大致上是「渾厚且溫柔的低音」。根據美國心理學家艾伯特・麥拉賓（Albert Mehrabian）的研究顯示，影響訊息傳達要素中，最具影響力的是聲音（三八％），其次是表情（三五％），接著是態度。

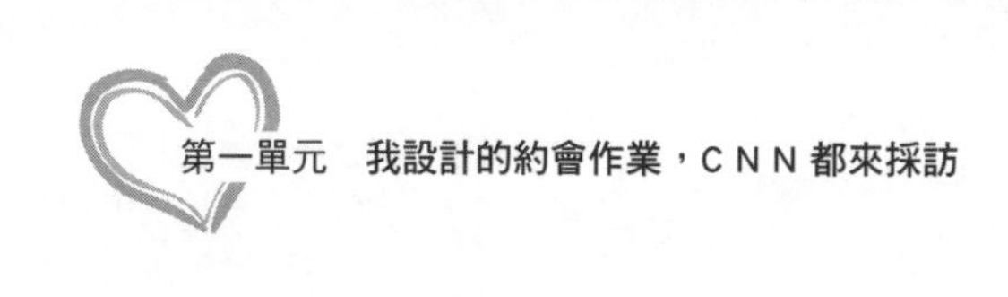

這個結果也表示，在與人溝通時，擁有優美嗓音（且咬字清晰）的人較容易獲得他人的好感與信賴。其他研究也指出「聲調越低越受異性歡迎」，因為聲調低，能給人溫暖與性感之感，同時還有社經地位高的感覺，這真的很有趣。

不只是男性，像是高音會給人年輕女性的印象，所以在歌劇中，女主角經常都是女高音擔任。而比較安穩成熟的女性角色則由中高音來擔任，這也與聲音本身帶給人的感受有關。

聲音也反映著人們的健康狀態。年紀越大、身體越差則越無法發出高音，音量也會變小，呈現不安定的狀態。這是因為聲音與肺的機能息息相關，所以想要維持聲音健康，就需要多喝水、不要太常吃辣，並且不要大吼大叫或抽菸等。

聽說邊洗澡、邊唱歌有助於喉嚨養護，大家也可以嘗試看看。

氣味，無法隱藏的情感證據

喜歡戀人身上的味道與對方「流汗的味道」，就是兩人非常相配的證據。之前有個研究，請女性去聞一聞並挑選男性運動過後帶著汗味的T恤。

研究結果顯示，大多數的女性都挑選了以遺傳學觀點看來較優異男性的衣服，尤其是處在生育期間的女性，傾向選擇看起來強壯的男性（荷爾蒙分泌旺盛）的上衣。

這個實驗同樣也讓男性挑選女性穿過的T恤，令人驚訝的是挑選出的都是排卵期女性的衣物。

自古以來，人類的嗅覺能力中，含有辨識「費洛蒙」的能力。大家都知道「費洛蒙」是動物的信號傳達物質，也被理解為性的吸引力，像是蜜蜂或螞蟻等昆蟲，也會以費洛蒙來標示領地、尋找食物並做出誘惑或是攻擊等行動。

而人類因為是站立步行，距離地面較遠，所以幾乎喪失了辨識費洛蒙的能力，但是還是會從對方身上聞到獨特的氣味。

神奇的是，人們是可以聞到某些特定的人身上的「好」氣味的。據說特別敏銳的人甚至可以從味道判別對方的情緒，這是因為人們在興奮、高興或情緒不佳時，都會散發出不同的味道，雖然這可能也跟荷爾蒙受情緒影響而產生的獨特汗味有關。

尤其是墜入愛河中的人，對另一半身上或香或濃的氣味更是敏感。或許，味道才真的是無法隱藏的情感證據吧！

經濟，就是生存的能力

經濟能力成為一個人的吸引力要素是再自然不過的了！生活在資本主義社會中，經濟能力，就是活下去的能力，又豈能被無視？

尤其是選擇長期伴侶，經濟能力就顯得更重要了。這裡所說的經濟能力是指「好像很能賺錢」、「職業與伴隨職業而來的社經地位」、「所得潛力」等，而這種能力，對於在歷史的長河中一直以「相對弱勢」角色出現的女性來說影響更大。

如果有一天，社會能更平等的對待兩性，使男女的收入差距縮小；男女能更公平的取得入職或升遷機會，使男女較有機會擁有相同經濟能力，那麼男性與女性就能更公平的承擔經濟責任吧！

進化心理學解釋，男性在農業革命後，從女性身上奪走了經濟權，導致女性只能依附男性生存，而我認為這是造成兩性對立的開端。

不論如何，在現今社會中，生存與經濟能力息息相關。以前女性受教育的機會少，也缺乏社會活動，所以不得不依附男性而活是事實。韓國的女性也是在解放後，才開始有機會接受高中教育。

而現在很多女性都能擁有這樣的權利，也因此有更多的女性活躍投入經濟活動。我也期待往後女性能擁有更好的經濟水準與條件，這樣一來，經濟能力應該就不會是擇偶的優先條件了，就像前述討論外表時，提到的日本例子一樣。

哪種吸引人？性格相似或相反

性格反映著一個人的文化、態度、價值與行為，但同時，性格也是無法透過短期間內的交流來了解的。因為人類是個相當複雜的存在，會不斷改變。

當然，圓融的性格比愛挑剔要來得容易自在相處，而這份「自在」就是最重要的。順道一提，其實越沒有戀愛經驗的人，越傾向選擇「獨特且與眾不同」的人。

也會有些人容易被與自己不同的人所吸引。像是自己優柔寡斷、總隨波逐流，若

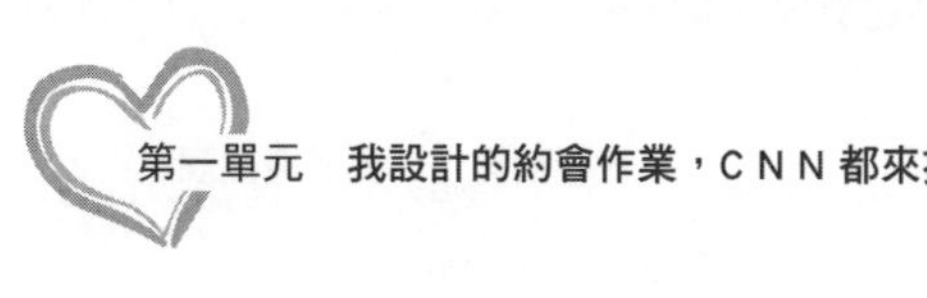

遇到一個相當理性且果斷的人，很容易就會被他吸引。反過來說，如果自己是有點冷淡且不善於情感表達的人，就容易被性格多情且溫柔的人所吸引。

或許也是因為我們在選擇對象時，會希望對方是能補足自己缺點的人。並且，人們也更容易從與自己個性不同的人身上，感受到神祕感與魅力。

男女在擇偶時，都會相當注重「足以信賴的人品」及「情緒穩定」。

受歡迎的特質是善表達、具有開放的態度與思考、親近與溫暖、正直且值得信賴、有智慧且風趣的。不具明顯的偏見，遇事正面積極並總是笑臉迎人，甚至還有幽默感能讓周圍的人都開心的人，就是最佳人選（見下頁圖表1-1）。

雖然世界上每個人的性格都不盡相同，但如果獨特到完全無法預測，將會很難維持長久的穩定關係。而且每個人重新獲得能量的方式不同，有些人需要長時間的獨處，有些人則需透過和朋友、戀人交流來恢復活力。

但是，個性差異絕不會是問題，隨著兩人的協調與維持關係的努力，反而能讓關係更牢固。即使個性不同，只要能彼此信賴並擁有良好的溝通能力，不僅能讓關係穩固，更能讓優點互補，成為最適合的戀人。

圖表1-1　期待另一半能擁有的 20 種特質

	男性認為重要的特質	女性認為重要的特質
1	值得信賴的	體貼的
2	體貼的	值得信賴的
3	公正的	公正的
4	有智慧的	有智慧的
5	懂得多的	懂得多的
6	善良的	信任對方的
7	信任對方的	可靠的
8	老實的	老實的
9	可靠的	情緒穩定的
10	自在的	自在的
11	情緒穩定的	有觀察力的
12	有觀察力的	寬容的
13	沉著的	善良的
14	有活力的	有活力的
15	實際的	寬厚的
16	好奇心旺盛的	好奇心旺盛的
17	善交際的	善交際的
18	創意的	善整理的
19	善整理的	靈活變通的
20	從容的	從容的

引自《關於戀愛的誤會》（Gary W. Lewandowski 著，李智珉譯，韓國 RHK 2022 年出版）。

越來越受重視的社會溝通力

比起外貌和其他條件，最近人們更加重視對方的社會溝通能力，也就是對方是不是個擁有良好人際關係的人，對待他人時是否體貼、具同理心，越社會化的人就越能獲得他人好感。

想要具有高度的社會性，就必須擁有良好的溝通技巧，不只是語言，像是否注視對方，或是露出笑容等，都能獲得高度評價。

其他像是表現出對他人的關心、能引導舒適的談話及懂得穩定且慢慢顯露自己優點的人，也都被認為是有魅力的。

人類學家眼中的吸引力法則

人類學家海倫．費雪（Helen Fisher）曾提出六種「被吸引的理由」，分別是與自身相像、具有神祕感、距離近，可以常遇見、符合理想型、擁有吸引人的氣味，以及戀情受到阻礙等。

人們容易被與自己距離近、有許多共通點的人吸引，此外，如果對方還能有讓自己想去了解的神祕面貌，就更容易對他產生興趣。

從學生們進行約會作業後提出的報告顯示，我們之所以能和另一個人快速變親近，大部分都是因為喜歡相同的音樂，或是擁有相同的興趣，例如旅行或電影等，或是擁有相似的價值觀，還有，對一個人好奇也是這樣。這是一位女同學的經驗：

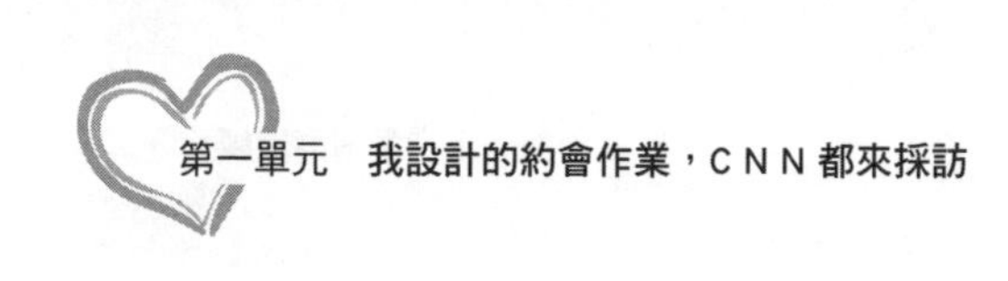

「那天，突然下了場陣雨。同學們圍坐在教室中等雨停。這時有個男同學突然開始彈吉他，而且是我很喜歡的歌曲。我一邊聽著音樂，不知為什麼突然想要更了解他。愛情，大概就是這樣開始的吧！」

只要對一個人產生了好奇心，就會更想了解對方。雖然有人說是「因了解而愛」，但我反而認為是「**因為愛而更想去了解**」。

而人們從小就會將喜歡的人、喜歡的特徵刻在腦中。像是莫名的喜歡笑起來好看的人，或是迷戀手指纖長的人、忍不住被對方綁頭髮的樣子所吸引等。

每個人被吸引的點都不一樣，也有些人會在無意中以自己的父母為標準。所以有時在結婚典禮上，會在新郎的臉上看到新娘父親的影子，或是新娘的長相、氣質與新郎母親相似等情況。

除了看得見的理想型以外，當我們開始一段戀情或愛上一個人時，會在對方身上聞到很好的味道。海倫·費雪博士表示，嗅覺才是騙不了人的戀愛證據，而事實上也的確有很多人都喜歡自己愛的人身上的體味，這在前一章也有提到。

最後，當愛情遭遇阻礙時（像羅密歐與茱麗葉一樣遭到父母反對，或戀情難以實現），愛就會變得更熾熱旺盛，這也被稱為羅密歐與茱麗葉效應。

而事實上也是如此，很多時候反倒是在受阻時，愛情會毫無倦怠的燃燒得更加持久。或許這也是因為愛就是從「相信自己」而來的，而如果愛情受阻，反而更能讓我們想要不斷的證明自己，不是嗎？

愛情開始時，兩人中至少要有一人已經做好去愛一個人的準備，也就是必須是已經與戀人分手了，或之前雖是單身，但現在想要跟另一個人在一起的戀愛心態。

其實愛情很少像天雷勾動地火一樣，是因雙方都一見鍾情而開始的。大都是某一方先有意，然後朝著另一個人展開攻勢。

除了上述條件外，我們也會被個性或能力等特徵與自己相似的人吸引。

愛情，是從飄飄然的感覺開始的嗎？

「研討會結束後，我在飯店酒吧偶然遇見了她。她正好坐在我旁邊，我們自然而然交談起來。彼此都沒有說自己是誰，就這樣開始聊天。我們心有靈犀，甚至感覺什麼都不用說，就已經知道對方的意思。

「一直到周邊的人都走光了，才發現只剩我們兩個。那個時候都快要凌晨了，時間怎麼過得這麼快呢？跟她告別並回到自己的房間時，我感覺我整個人都是『飄』的，有點不真實。從那天開始我就一直想著她。」

有些人從陷入愛情的那天起，身體和大腦就會變成一體。而實際上在愛情開始，或還不知道那就是愛情時，也會有種飄飄然的恍惚感。就好像因為藥效得以連續集中好幾個小時愉快的聊天，或是徹夜做愛一般。

不管醒著還是睡著都想著他，想聽到他的聲音、想看到他。在第一次接吻後，會在腦海中不斷回想親吻的畫面。

我們的記憶力會變超好，好到跟他相處的時光能以秒為單位來一一回味。整個人就像是被「他」的存在麻醉了一般，世界以他為中心而重新改寫，甚至會開始喜歡對方喜歡的東西。

就像不喜歡巧克力的男性愛上了喜歡巧克力的女性後，開始不斷購買巧克力一樣，我們愛上一個人，整個世界都開始圍繞著「特別」的他轉動，穿著也按照對方喜歡的風格，還有點餐、讀書也是。

在感情上，會美化對方、感受到對方強烈的性吸引力。

為了讓對方幸福，可以不考慮自己，奉獻全身心。就連家人、朋友、學業、運動、工作等這些重要事務都可以往後推。只要對方沒有聯絡，就會不斷懷疑手機故障或不斷確認手機，時時刻刻都關注著他的臉書或ＩＧ。

愛上一個人就很難客觀，這句話一點都沒錯。也因此，就算對方真的不是我們想像中的那樣，我們也會不斷把對方創造成我們「期待」和「想像中」的人物。

只要被一個人深刻吸引，這個「將對方美化成理想對象的程序」就會即刻啟動，但如果過度美化，我們容易變成愛著想像中的對象，而非真實的那個人。這也是很多擁有浪漫幻想的年輕女性常犯的錯誤。

有一個女生結束了多年的戀愛，但內心還留著傷痛就與新的男友交往。

剛開始對方的一切看起來都很美好，墜入愛河的她將每天日夜的情緒都寫在信上傳給男友。由於是夜晚寫的情書，情感不斷被放大、美化，而她一邊寫著這些情書，好像對他更加無法自拔。

男友回信說：「我也喜歡妳信中寫的我。」雖然男友也認為女生過度美化了自己，但是比起女生清醒後發現自己不是她想像中的那樣，男友更想讓女生一直以為自己就是她信中的理想男子。

所以後來這個女生發現這個男生根本不是她「想像中的帥氣男子」時，已經是他們的關係變深的時候了，雖然，發展成這樣並不需要經過很長的時間。

愛情使人盲目。在戀愛初期，我們會在多少有點失去理智的狀態下，對另一個人產生一種陷入愛情的「激情」。

如果沒有這個階段，或許人們體驗愛情的機會將會少很多。其實，愛情的一開始本來就是摒除理性，縱身躍入感性的大海間。

第二單元

熾熱的戀愛與
安全的分手

吵架是門學問

隨著戀愛時間拉長，即使是因彼此相似而交往的戀人，也會漸漸發現兩人的不同而感到手足無措。

正面積極的情侶會認可彼此的優缺點，透過溝通來維持及發展關係，不過當對方的缺點可能會危及感情時，部分情侶就會陷入不斷爭吵中。

這個時候，該如何解決這些糾紛呢？隨著情侶們的感情基礎與信賴不同，有的關係會變得更甜蜜，有的則可能會因此分手。

不過，換個角度想，當情侶開始爭吵，也意味著雙方都對彼此有一定程度的安心感，因此才能將自己的缺點或想法坦然的呈現在對方面前。這也表示，**我們看向對方的眼光已經從激情轉為理性。戀人們一定要經歷這些考驗，感情才能更加牢固。**

交往初期，往往都會為了維持關係，而努力在對方面前呈現最好的自己，但過了一段時間後，就很難再繼續隱藏，甚至會為了確認對方的愛是否堅定，而做出一些會引發爭執的行為。

雖然我們希望透過這樣的行為來加深愛與信任，但很多時候事情根本不會照我們所想的發展。因為愛情就如同其他所有的經驗一樣，會成為一種習慣。

用「兩人一起」的心態，聰明分擔

戀愛時，最常引起爭吵的原因就是「約會費用」。

雖說「人會心甘情願為喜歡的人、事、物花錢」，但當某一方發覺只有自己獨自承擔，或是覺得對方理所當然的接受，沒有絲毫感謝時，就會產生爭執。

雖然有些女性蠻享受男性為她們花錢的感覺，不過也有女性對男性付錢感到壓力，感覺好像要想辦法等價還回去。有些情侶一開始說好平均分擔，但最後總默默的讓某一方付錢，好像把對方當成傻子一樣。話雖如此，情侶之間的確也沒必要連幾塊錢都算得一清二楚。

那麼，約會的費用到底該怎麼分擔呢？

我的建議是，不妨以收入比例來規畫，也就是賺得多的人，多負擔一些。但要注意的是，不可以把這個當成必要的義務。或是以一人一次的方式進行，例如對方付飯錢，我們就負擔咖啡、飲料等支出；對方買電影票，我們就付飯錢。

建議大家以「兩人一起」的想法來聰明分擔。所有的關係都一樣，付出與收穫要相當才能長久。如果在一段關係中，總是覺得自己付出比對方多、與收穫不成正比，就容易產生不滿。在關係中，公平是很重要的，而付出多的人比付出少的一方來得敏感也是理所當然。也因如此，能維持公平的情侶比無法維持的人來得更幸福且滿足。

聯絡與見面的次數

當情侶對聯絡與見面的次數抱有不同期待時，也容易起爭執。簡言之，感覺到「不夠」的人更容易不滿，且容易累積負面情緒。但如果要另一半經常聯絡，以符合自身的期許，又會讓對方覺得壓力很大。

情侶們到底一星期見幾次面比較適當？雖然應該要根據雙方的情況做調整，不過我覺得不論如何，最少也要努力達到一星期見一次面。

我之前上過一個談話性節目，來賓都是外國青年男女，當時討論的議題是「與韓國人的戀愛」。

在節目中，就連來自浪漫之都的法國女性，都對韓國過度頻繁的約會感到不解。她表示，在法國即使是熱戀中的男女，也是一星期見一次左右，見面時會熱情擁抱、相處，但平常則各自投入生活，頂多通個電話，保有個人的獨立領域。

可是跟韓國人戀愛時，過度頻繁的見面，以及那種認為情侶就應該要一直綁在一起的想法，讓她很難擁有自己的時間。

除此之外，非約會時段還要常常傳訊息聊天。雖然她已經盡可能立刻回覆了，有時忙起來真的做不到，兩人經常為了這件事爭吵。只要通訊軟體出現紅色的「1」就感覺壓力超大，好像連每分每秒在做什麼、吃什麼都要報備一樣。

現場其他來賓都對她的話表示認同。我想告訴大家，過度確認對方的日常並時刻綁在一起並不是愛，相反的，健康的愛情是需要給彼此時間和空間的。

如果打著愛的名義，隨意侵犯對方的私人領域，甚至管控對方的生活，反而會成為扼殺愛情的捷徑。

像是另一半出去跟朋友見面時，每換一個地方都要求打電話報備，或是對於對方在聚會中不能一直通話而發脾氣等，這樣的行為與其說是愛對方，更像是內心不安與控制慾的證明。

有種植盆栽經驗的朋友應該知道吧？當兩株花朵種得太近時，它們反而會死掉。愛情也是一樣，所以應該要維持適當的距離，該讀書時讀書、該見朋友時見朋友，以自己為中心過好自己的生活後，見面時熱烈相愛，這才是健康的關係。

「只有我才可以」的排他性

男閨密與紅粉知己一直都是許多情侶吵架的原因。

事實上，也有一位男生曾跟我說，他分手的原因是自己「對女性友人太親切」。

女友沒有辦法忍受在兩人交往期間，只要女性友人打電話來叫他幫忙，男友就立刻飛奔而去。但男生覺得很冤枉，他說他愛的是女友，女性友人就只是朋友而已。

而那時，我跟這個男同學分享了關於「愛的排他性」。所謂戀人關係，意味著有些行為只局限於兩人之間。不論是男性或是女性，萬一戀人是那種對誰都好的人，都會感到很辛苦。

希望大家不要忘記，戀人間就是有種「只有我才能依靠對方」、「只有我才能擁有對方」的排他性，這樣兩人的感情才能更有歸屬感。

尤其是男性，最好避免和女性單獨，甚至是多位男女一起喝酒到深夜的情況。或許大家不相信，不過根據研究報告指出，男性們在喝酒後，隨著時間越長，越容易覺得對方看起來很有魅力。

我想，能解決這個問題的方法就是「換位思考」，不是要大家捨棄友情，而是至少要站在對方的立場想一想，這是對自己所愛之人最基本的尊重。

為戀情加溫的爭執技巧

「如果我和男朋友吵架，他絕對不會先開口說話，一定要等到我低頭，我們才會和好。我受不了這樣的氣氛，因此就算不是我的錯，也會先道歉或求和。我覺得彼此都要知道吵架的原因，才不會因為相同的問題一直反覆爭吵，但每次都被這樣隨意帶過。最近真的很常跟男友吵架，有點擔心我們的關係。」

「我女朋友吵架的時候真的很可怕，我們是相愛的人啊！但只要一吵架，她就會飆罵髒話，想說什麼就不管三七二十一的脫口而出，還說覺得我像木頭一樣無趣。甚至說自己是隨口講出來就算了，不會記仇的個性……真的是不可理喻。」

吵架並非只會導致關係破裂，透過吵架，我們也能更加了解對方，順便了解自己

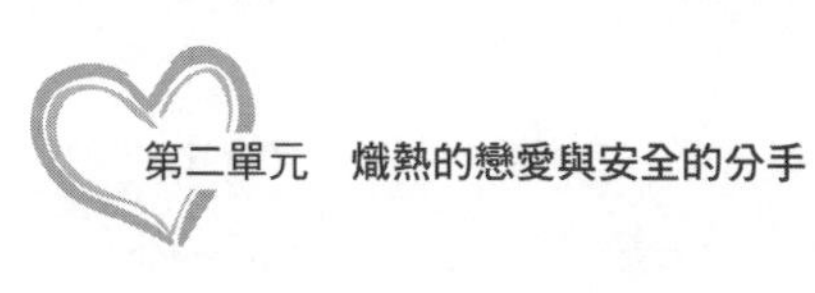

解決問題的方式。一味避開爭執，同時也會錯過解決問題的機會。如果在發生的當下不試圖解決，之後的關係只會越來越糟。

相反的，如果每次吵架都能夠化解一些導致吵架的理由，兩人的關係反而會越來越緊密。換句話說，不逃避吵架的情侶，反而是對兩人關係更有信心的。但當然，吵架的前提必須是雙方都願意為了解決問題而努力。

吵架只針對當下那件「事」

關於爭吵，最重要的就是一定要努力將重點放在導致兩人吵架的「那件事」上。對話內容也是如此，因為在爭吵的過程中，我們很容易忘記吵架的目的，最後變得只是想要贏過對方。

「你每次都這樣！」、「記得嗎？之前也是因為你這樣，我們才會吵架的！」不要像這樣不斷回溯過去的事件，不然很容易順著話尾吵得更凶，雙方情緒也更激動。

在情緒激動的情況下，會拚命攻擊、批評對方，反而忘記要解決問題。因此就算後來停止爭吵，心裡還是留下了疙瘩，覺得委屈並討厭對方。這樣的爭吵要是反覆持續，兩人的關係一定會惡化。

雖然今天爭吵的原因也可能跟過去有關，但很多時候也可能毫不相關。如果只是想批評和戰勝對方，那麼過去的問題和今天的問題都無法被解決。

爭吵時，請集中在今天發生的「那件事」，好好梳理、解決，等之後有了治癒的力量，再來慢慢解決先前發生的問題。

情侶吵架不是為了贏過對方，而是為了讓彼此關係更融洽，更了解對方也更相愛，希望大家不要忘記這一點。

另外，根據研究顯示，在吵架時使用「我們」，而非「你」、「我」的情侶更容易解決意見分歧且關係會變更好。我想，這也印證了我一直強調的，吵架是為了讓關係更好，而非贏過對方。

請大家不要企圖透過奚落對方、冷嘲熱諷的刺激與批判對方來取得掌控權，或是意圖使對方感到挫折。吵架時隨意轉移話題，或以開玩笑的方式模糊主題等，都只會讓雙方痛苦且不滿。

累了就停戰

雖然吵架時不免情緒激動，但還是應該盡量傾聽，也就是努力站在對方的立場，去理解對方為何提出這個話題。

如果真的生氣到無法聽進對方的話時，可以請求「休戰」。雙方都到另一個空間去冷靜一下，或者其中一人暫時出去外面也好，三十分鐘後再進來。

只要深呼吸，暫時離開吵架現場，回來時就會發現情緒已經穩定許多；也可以試著洗手，用冷水潑洗手腕也是個好方法。務必等到情緒穩定後再繼續對話。

不論是再怎麼相愛的人，當吵得很凶時，心臟會快速跳動，也聽不太到對方在說什麼。掌握事情、沉著處事，以及用理性並合理的態度解決問題的能力，都會變得不受控制。所以，如果發現自己真的非常生氣，務必先冷靜下來。

吵架時要注意不要批評、嘲弄對方或是罵髒話，因為越是相愛的人，越會容易因對方一句傷人的話語而受傷。希望大家不要忘記，與我們吵架的人，並不是此生老死不相往來的對象。

還有一定要特別注意，有些人總是打著「我說話直、不記仇」的名義，站在自己的立場，口無遮攔的口出惡語，這樣很常會帶給對方很大的傷害。

建議大家不妨在平常就訂下吵架的原則，像是「即使吵架也不口出惡語」、「冷靜陳述」、「不逃避，以溝通來解決」或是「情緒激動時先停戰」等。

該吵就吵，出現問題就解決，只希望大家都能記得我們是為了相愛才認識，為了幸福才在一起的。

檢視自身的問題解決方式

人們一般都是依照在原生家庭中學會的方式解決問題。

仔細思考，就不難發現我們其實也沿用父母的方式來面對困難。如果在原生家庭中，父母習慣用對話來溝通，子女也會自然而然熟悉以說話來解決問題。

但反過來說，如果父母都是以大聲爭吵、相互指責對方這種暴力方式解決問題，子女很容易變得跟父母一樣。或是在發生分歧時默不作聲、迴避問題的家庭長大，未來面對問題也很容易束手無策。

我們不妨回想自己和戀人吵架時的模樣，檢視自己以及對方都是如何處理問題的，就可以從中發現其實雙方都有不善溝通的時候。

你可能會覺得失望，但無須因此感到挫折，因為人本來就是要透過不斷學習來成長的。如果能經常練習透過對話溝通來圓滿解決問題，就能日漸熟練。

相愛的兩人過去各自在不同的文化背景中生活了幾十年，戀愛時難免會有分歧。不只看待事物的角度不同，解決方式也不同，因此摩擦是無可避免的，最重要的是相互理解的心。

或許有些人會認為「越吵感情越好」，但其實並不是這樣。要記得「惡語傷人六月寒」，人的言語是比刀子更銳利的。因此，越是相愛的人，就越應該謹言慎行，不要誤傷對方。

如果是無關緊要的人說了什麼，我們可能不會太在乎，但真正會讓我們傷得最重的，都是親近之人的批評。那些最愛、最了解，且與我們站在同一邊的人說出的惡語，會像尖刀一樣刺向我們的心。

對兩個相愛之人的關係而言，重要的不是沒有分歧，而是如何去解決與處理。試著去尋找替代方案或處理方法，同時也需要能夠充分表達自己立場的溝通技巧。

最後，在戀人之間，最重要的無非是試著妥協，以減少雙方分歧的態度。

03

變心了，如何提分手

在課堂上，我一定會這樣問學生們：

「如果有一天，你變心了，感情沒辦法再繼續下去時，該如何提分手？萬一對方還愛著你，怎麼辦？如果不想讓對方知道你變心了，想等對方開口結束，有什麼方法嗎？」這是關於「如何結束一段感情」的問題。

學生們搖頭晃腦的想了一下，有了各式各樣的回答：

「搞失蹤。」

「做對方討厭的事情。」

「故意每天都很邋遢。」

「故意遲到或臨時取消約會。」

但愛情是存在引力的。只要有一方還有愛意，就會想維持在一定的距離內。就算你故意做了對方討厭的行為，他還是會黏上來，因此想要讓對方厭惡你並提出分手，不是一個好方法，反而只會讓對方變得滿身瘡痍。

此外，對曾經愛過的人，搞失蹤絕對是不可以的。因為對方會擔心你的安危，這樣不是真的很自私嗎？

那不妨反其道而行吧？故意常打電話、纏著見面、去上課或上班的地方等他、打著關心的名號然後一直管著對方呢？不停奪命連環Call說：「你在哪？」、「跟誰見面？」，然後硬要跟著去。

我問這個問題，不是真的要教導學生「結束一段關係」的方法，而是要告訴他們這個令人難以置信的道理：**過度的「執著」會危害關係，甚至失去愛情**。

因為人都是嚮往自由的。不論有多愛這個人，當自由被剝奪，感覺就像被禁錮在一個狹小的空間裡，會讓我們不自覺的想逃離。

所以不論是對我們自己或是對方，如果想成為一個好對象，就應該懂得維持適當的距離。在各自的位置上，架上一座橋來時常與對方進行溝通，如此一來，就算有一天愛情結束了，至少你還剩下「自己」。

另外，也不建議與另一半分享手機或通訊軟體的密碼。成熟的人必須克服從他人身上感受到的孤獨感及疏離感，因此兩人相愛時必須既可以合而為一，又能維持各自的自主性。

投資另一半的幸福

戀愛時，就會不自覺的在意對方需要什麼、想吃什麼、喜歡什麼。只要對方能幸福，不吝付出我們的時間與金錢，同時，會危害對方的事，就絕對不會做。

反過來說，如果嘴上說著很愛一個人，卻吝嗇付出，或雖有付出卻斤斤計較、滿是算計，勸大家還是再次考慮一下你們的關係，那並不是愛情。

當我們在享受美食、欣賞美景，真正感到幸福時，如果心中不會想起另一半，就真的需要認真想想「這段感情還好嗎？」反之如果你願意為了讓對方感到幸福，而付出時間、學業、工作、拒絕其他邀約等，那麼我相信你一定是非常愛他的。

以自己原本的樣子，去愛人與被愛

這是在愛情電影中經常出現的臺詞，也就是「我愛妳，不是因為妳漂亮、聰明或身材好，只因為『妳就是妳』。」再也沒有比這句話更浪漫，且讓人心動的吧？

這樣的告白能瓦解人們的武裝，好像我們不需要為了被愛而刻意討好任何人，只因為我們是我們自己。

能接受全然的我，並感謝我們自身存在的感情，才是能讓我們變成更好、更自信的愛。也因此，光是對方能和我們在同一個世界上呼吸就覺得幸福、光是他出生在這個世上都值得感謝，這樣的愛有多令人感激呢？不需要為我們帶來什麼好處或幫助，如果能喜愛並尊重他原本的樣子，這就是真正的愛。

保有自己，培養競爭力

有些人只要一談戀愛，就會付出所有。

每次都搶著付錢、幫對方買衣服，甚至還會給零用錢。更有甚者，為了自己未來規畫才報名的補習班，也會因為對方不高興而放棄。

因為把另一半放在第一順位，而隨意變動或推延其他約定，進而導致失去周圍朋友的信任。不管何時，只要對方有需要，會排除萬難飛奔到他身邊。

這樣因愛而失去了自我，長久下去自己就會越來越萎縮，甚至消失。

直至今日，「主角犧牲自己成全另一半，但對方成功時就翻臉不認人，最後主角痛快的復仇」這樣的劇情依然受歡迎。雖然，因為相愛就全盤接受對方付出的人也有問題，但願意獻出一切的人問題更大。

這種人大都是因為認為自己微不足道、沒資格被愛，才總是選擇忽視自己的需求。像這樣不懂得珍惜自己的人，其實對他們最殘忍、隨便的，往往是他們自己。

如果你真的愛對方，就不能奪走對方的一切。雖說一個好的對象會願意為了讓對方成長、變得更幸福而付出，但這必須是雙向的。

單方面的付出絕對不是平等的愛情，只是阿諛討好。想讓關係更健康，也需要適度的「欲拒還迎」。

如果有人總是事事以我們為主，我們對他的期待與標準也會不斷提高，而持續的關懷與體貼就很容易在認知上變成稀鬆平常的事情。要對一個事事以我們為先、付出很多的人，抱持著始終如一的感謝之心，是很不容易的。

因此，有句話說「不要將他人的好意當作理所當然」，就是警戒這樣的情況。或許換個角度來看，成熟的戀愛是需要張大眼睛的，不要忘記對方對我們的體貼與關懷，是需要時常抱持感謝的心。

此外，想要好好維持愛情，最重要的就是自己要有競爭力，也就是說不要讓對方覺得你失去了魅力。這樣一來，的確就沒有辦法每天黏在對方身邊，而是自己也要變化成長。

簡單來說，戀愛時能「既在一起又是獨立個體」的人，才更能抽空提升自己。

雖然我們要努力讓對方幸福，但同時也不要吝嗇投資時間在自己身上。「不管你去哪裡，都找不到比我更好的人！」這樣的自信心才是維繫愛情的最重要關鍵。一事無成、事事忍讓的人又怎能守住愛情呢？

所謂的愛情關係，其實也是一場力量的較勁啊！

想想是否還想擁抱、撫摸對方

相愛卻不想擁抱對方，或是相愛卻不親吻，那真的是愛嗎？

如果愛對方，就會對他產生性需求，想碰觸對方也想被碰觸，想牢牢抓住對方，也想被抓住。愛與性的距離，其實並不遠。

以前的年代，只要牽手、親吻、做愛就必須結婚，甚至為了「婚前純潔」，即使相愛也必須克制慾望。

但可以確定的是，即使是在禁止婚前性行為的年代，只要愛一個人，就會想要撫摸他、親吻他，本能會驅使自己去探索對方的身體。渴望對方的慾望，是愛情關係中的必要條件。愛不只是精神上，也包含肉體。

直至今日，依然有很多情侶只要討論到「婚前純潔」這個議題，就會產生意見分歧。雖然現在這個年代，性愛已經比以前容易多了，但還是有很多情侶對婚前守貞感到煩惱，還有另一種煩惱是交往多年的情侶對另一半提不起「性致」。人類的身、心同樣重要，身體是靈魂與心凝聚的所在，身體與靈魂又怎麼能分離呢？我非常喜歡

「凝聚」這個形容，因此這也意味著難以分離的意思。

我認為我們的身體與心靈就是如此，而愛與性也是如此。身體離得遠，心也跟著遠了；反過來說，當愛情消逝了，性愛也會隨之消失。

因此，請大家回頭檢視自己的慾望，並同時檢視對方，然後看看大家與戀人之間，是否遺失了什麼？

戀人間需要專屬於兩人特殊的親密感與歸屬感，也就是把所愛的人放在生活的中心之意。戀人是最好的朋友，同時也是理解我們靈魂的人，因此應該要給彼此特殊待遇，當然也一定要避免會讓兩人關係漸行漸遠的事情。

不管是什麼事，都不要把戀人排在最後面。當年輕情侶訴說他們吵架的緣由時，時常會聽見他們抱怨其中一方花了太多時間在其他朋友上，或是對朋友過度親切。

「只要朋友一喊，他就會出去。我真的很討厭這樣。如果那麼喜歡跟朋友一起玩，幹麼要跟我交往？」

雖然情侶也該維持各自的社交圈，但應該要有邊界感。把其他人放在戀人之前的行為，或一視同仁的對待戀人和其他異性，都會讓我們所愛之人受到冷落。

此外，能特別表達親密感的事情，如親吻、愛撫或性行為、緊緊相擁、吐露心事等，都只能對所愛之人做，這就是愛的排他性。

最重要的是理解對方

所謂的愛，要努力去了解並關懷另一半之前是怎麼生活的、價值觀為何，以及在怎麼樣的時候會傷心難過。

我在婚前準備的教育課程中，經常讓未婚夫妻手牽手，分享彼此的傷痛。互相傾吐生活中的不如意，或何時最容易感到孤單、寂寞與疲倦，最後是試著同理對方的心情，這對想維持長久穩定關係的情侶來說，是非常重要的一部分。因為如果沒有很深的信任，是很難向對方吐露弱點與傷口的，但了解我們所愛之人的弱點和傷口，卻有助於理解與保護對方。

從上述的整理，大家應該可以了解，要愛一個人並長久的維持這份心意，絕對不是件容易的事情。雖然我進行情侶諮商已經幾十年了，但真正成熟的相愛，也就是熱切的愛著對方的情侶並不多見。

或許能這樣成熟去愛的能力也是天生的吧！大部分的情侶會在幾個月或幾年後，就因倦怠期而分手，或是只因習慣而繼續在一起，卻不再靠近彼此的心。如果真的有那種「不管他做什麼都能理解並喜愛」，像這樣簡單又命中注定的愛，該有多好呢？

但事實上，我們與伴侶在過往的數十年間，都各自以陌生人的身分生活，每個人都是個小小卻複雜的宇宙。雖然處在相同的時空，卻像各自在各自的世界或星球中。

雖然我們僅是對方N分之一的存在，但在相愛的瞬間，就會搖身一變成為彼此的重要存在。不只是你，對他而言也是這樣。如果能認同這點並彼此尊重，感到害怕時，就能更有智慧、更火熱、更安全的相愛！

04「依附」程度決定彼此能走多遠

「我們真的能走到最後嗎？」、「他真的會喜歡這樣微不足道的我嗎？」、「反正最後都會分手的。」如果大家在談戀愛時經常有這樣負面的想法，並害怕離別，希望大家都能檢視自己的依附關係。

所謂的**「依附」，是指個人對他人的親密感、被愛的感覺與安全感**。

依附理論的研究者——心理學者約翰．鮑比（John Bowlby）——對依附的定義為「嬰兒與父母或第一線照顧者間產生的互動連結」，也就是從我們什麼事都不能自己做，需要倚靠他人的時期（也有些學者主張是從在媽媽肚子裡時），為了自己的生存而發展出對照顧者的依附關係。

簡單來說，就是嬰兒會根據自己冷、餓，或跌倒時，誰先擔心的跑過來給予溫暖、餵食或牽他起來等，來產生對世界與人們的安全感與信賴感。

換言之，如果從嬰兒時期就沒能受到適當的保護與照顧，之後便無法在與他人建立關係時感受到安全感，不只會陷入不安，在面對挫折時也難以自我調適。

以下將依附關係分成安全型依附、逃避型依附、不安全型依附來加以說明：

一、安全型依附

擁有安全依附關係的人，易與他人親近，也不難與人維持關係。與人交往也不太會恐懼被拋棄或失去，可以正面且樂觀的看待關係。在別人對自己有好感，或是自己成為他人依賴的對象時不太會猶豫不決。而擁有健康的依附關係的人，非自願性發生性關係的機率最低。

二、逃避型依附

逃避型依附的人很難找到並擁有「真正的愛」。這類人與他人在精神或身體上變親近時會感到不自在，很難信任他人，如果感覺到別人對自己的依賴會覺得難以承受。

逃避型依附的人多半在幼年時期，有過在情緒上或是物質上與主照顧者分離的經驗，也有很多像是與主照顧者分離由其他保護者養育，或是養育者在情感上冷淡或是過於忙碌等。

三、不安全型依附

一如其名就是在與他人的關係中總是感到「不安全」的人。不安全依附的人之所以不安，不是擔心「我愛的人會離開我」，而是擔心愛人「何時」會離開。在交往時，就已經認定必會分手，而且心中總抱持著分離的體認。他們心裡總想著有天對方會提出分手，所以總以退縮的心態來經營感情，有些人可能會過於依附對方、纏著對方求關注，或是反過來先推開對方。因為無法在關係中累積信任，擔心自己陷得太深、受傷害；因為害怕，所以乾脆在被拒絕前先離開。

如果一而再、再而三的經歷這樣短暫且不安定的情感關係，會使人產生挫敗感，變得更難與人建立關係，這也是不安全型依附人格令人擔心的原因。

依附關係對性行為與性的態度影響極大。

舉例來說，安全型依附的性愛多半會在兩人約會或同居、結婚這樣你儂我儂時發生，發生一夜情的機率也遠比逃避型和不安全型依附的人低。

對安全型依附的人來說，性愛是一種健康的選擇與決定，能從中獲得滿足與喜悅並知道如何保護自己。

反之，迴避型或不安全型依附的人更容易只因對方想要而發生關係，忽視自己真正的意願，因此常會發生非自願的性愛，或委屈自己接受心中不願意的性愛方式，甚至也很難開口向對方提出避孕的想法。

「我好像是迴避型依附，難道就只能這樣下去？無法在關係中得到安全感？」在課堂上教了依附理論後，有些學生便對於自己的依附關係感到失望與挫敗。

大家不需要過度擔心。人類不僅可以改變，還能更好，不是嗎？雖然小時候我們無法主導自己的關係，但長大成人後就能自己引導了。就算我們之前類似的經驗很少，但是人類的潛能可是無限的，不是嗎？

脫離不安全型依附的方法，就是多多體驗「健康的關係」，也就是多學習與他人交往的方法。說穿了就是與人交往時，雖然心裡多少還是會不安，但仍願意試著打開心房相信對方，一起走下去。

而這個時候最重要的，就是擁有挑選「健康的人的眼光」。因為人們都有下意識選擇與自己相似之人的傾向，所以要盡可能選擇開朗、愛笑，信任且願意幫助他人，和他在一起時能照顧自己的人。

也建議大家在與他人交往時，能盡可能的跟對方說明自己的想法與感受，相互同理共鳴，體驗彼此間相互信賴的感覺。

當我們對彼此的信賴加深，自然而然就能更安心的表現出更真實的自己。若我們的缺點能獲得對方的同理與安慰，同樣的，對方也能在我們面前放心的展現自己的弱點，自然而然，雙方都能在這段關係中得到安全感。

我們也要努力成為一個值得信賴的好人，不論是對自己或對方。不僅是關注對方的情感，也要照顧自己的情緒，讓自己在一段關係中能擁有安全感非常重要。

當關係出現問題時，不要急著逃跑，而是與對方開誠布公的談話來解決問題，不斷累積像這樣可靠的經驗後，不只依附關係會變健康，兩人的關係也能更牢固升溫。

只有情侶間才能做的事

最近我經常被問到對「醃紫蘇葉爭論」與「剝蝦、剝蟹爭論」的看法。

當和戀人及朋友同桌吃飯，女性友人想吃醃紫蘇葉而夾不起來，這時男友該不該幫忙[1]？該不該幫異性友人剝蝦？能不能幫穿著長舖棉大衣的異性友人拉拉鍊？

其實，這就是「情侶間才能做的事情」和「嫉妒」間的爭論。在課堂上，我為了說明嫉妒，也常會和同學討論這些內容。學生們都覺得這些討論很有趣。

很神奇的是，韓國學生幾乎都不能容忍戀人幫對方夾醃紫蘇葉，不少學生認為就算再鹹，自己筷子夾到多少片就吃多少。不過也有學生表示幫忙夾醃紫蘇葉就算了，剝蝦子絕對不能容忍。

在我看來，如果一起吃飯，只因為戀人用筷子幫異性友人壓住醃紫蘇葉，就心情不好或懷疑對方，的確有點小題大作了。如果是我先看到，我也會主動幫忙，就這種程度來說，完全是生而為人可以相互幫忙的「人情味」，不是嗎？

但我也覺得幫忙剝蝦、剝蟹肉或是幫忙拉長外套的拉鍊，有點過於親密。畢竟，如果覺得剝蝦殼和螃蟹殼太麻煩，不吃就好了。

不久之前和朋友聚會時，先前一直住在國外的朋友跟我們分享了一個故事。當時，韓國朋友在家裡舉辦派對，有一位一起應邀前往的朋友穿著短裙與及膝長靴，因為在玄關處久久脫不下來，所以那家的男主人過來幫她脫了靴子。

不知道是不是因為男主人是外國人，所以紳士指數爆表，便上前幫忙。但我覺得如果男主人是韓國人，夫妻倆在客人走後應該會大吵一架吧！或許那位女主人會覺得不太舒服也說不定。

雖然我覺得這整個事件中，最討厭的就是那個去別人家作客，還穿著不易穿脫的

1 譯按：韓國的醃紫蘇葉會一片一片溼溼的疊在一起，吃的時候很容易一次夾起多片，就會很鹹。如果要只挑一片來吃，常需要旁人用筷子幫忙壓住另一邊。

鞋子的女性友人。但那個跪下來幫她脫鞋的黑騎士也很多餘，不是嗎？不過，可能男主人也會大呼冤枉，覺得客人因為脫不下鞋子而慌亂，身為主人出手幫忙難道不是應該的嗎？

老實說，不論是幫忙剝蟹殼或脫靴子，都只不過是「體貼」而已，那麼另一半到底為什麼生氣呢？是因為「越界」了，簡單來說也就是，超越了特定關係的領域。

先前曾經提過，相愛的人之間該遵守的態度之一就是「愛的排他性」。所謂愛的排他性，除了熱吻及愛撫等被納入性行為範疇的行為外，還包含撫慰對方的心靈，也就是只有親密無間的人才能享有的特別關注與體貼。

因此，這些只能對戀人做的行為，就是一條「界線」。在對待戀人與一般人時應該要有明顯的區別，這樣才能擁有「我們是同一隊的」這樣的歸屬感。

另外，「嫉妒」也是類似的情感。戀人對異性太體貼，或和比自己年輕貌美、各方面條件都好的人出去時，就容易產生嫉妒，其實嫉妒就是來自一種「感覺會失去」的不安情緒。而嫉妒之所以會產生問題，是因為不僅會使自己還有對方感到疲憊，很可能還會成為關係破裂的導火線。

以下是一個女生發現自己的男友和陌生女子傳訊息的真實故事。

男友解釋，對方只是一起聽課的女同學，因為現在在實習，才常常聊天。但就女生來看，女同學傳的訊息中有非常多曖昧勾引的意思。她不僅聊功課的問題，還會傳自己的自拍和親密的撒嬌貼圖，甚至到很晚都還會傳訊息或打電話。

女生覺得很不舒服，即使男友信誓旦旦還是無法相信他。女生雖然自尊心很強，但還是控制不住開始經常偷看男友手機。但偷看時，緊張得心跳加速，還覺得自己很悲慘又感到心寒。更雪上加霜的是，覺得被冤枉的男友甚至還將手機加密，兩人已經因此大吵很多次。

如果是大家遇到這種事，會怎麼做呢？

方法只有一個。雖然被懷疑的男友也很委屈，但最好將一切都攤在陽光下。解除手機加密，讓戀人想看隨時都能看。只要這個女同學傳訊息來，就先給女友看。

雖然這樣要花一點時間，但終究能解開誤會，女生總有一天會相信男友對這個同學沒有意思，當然也就不會再對男友疑神疑鬼，甚至是去偷看男友的手機。

如果不這樣做，反而會驅使女生不斷懷疑，會變得易怒、覺得自己可悲，甚至想結束這段感情。小小的懷疑種子一旦發芽，就會瞬間變成參天大樹。

雖然大家可能會認為「嫉妒是來自於喜歡」，但如果你經常對很小的事感到嫉妒，就需要好好檢視自己。因為嫉妒的真正起因不在於對方，而是自己的內心。

當你對這段感情沒有信心，或陷入自我否定時，都容易感到嫉妒。因此，只要發覺另一半好像接觸了其他異性，就會燃起熊熊的嫉妒之火，不只折磨自己，也折磨對方。這都是因為想確認對方的心意與兩人的關係。

我認識一個年輕女生，她本來不喜歡一個追求她的男生，但當她發現這個男生好像喜歡上其他人時，她卻突然答應要跟對方交往。雖然我不知道她是終於發覺自己的感情，還是只是不想讓給其他人，不過據我所知，他們最後還是分手了。

當然，「嫉妒」並不一定只會破壞感情，也能讓人重新檢視「一成不變」的關係，再次點燃「熱情」之火，有助恢復緊張感，延長戀情的保鮮期。

因此也會有人故意刺激另一半，想引發對方的嫉妒心。像是明明只是在家裡看電視，卻跟對方說「我太忙了，今天不能見面」，或跟其他人出門等，在感情中與對方保持一定距離來營造危機感。

而對方如果產生嫉妒心，大部分都會為了維持感情而更常主動約見面、更溫柔多情，也會更加注重外表。

但是，這樣也會有副作用，那就是可能招致對方的責備、攻擊或乾脆果斷放棄。尤其是迴避型或不安全型依附的人在面對這樣的情況時，通常會快速的放手。雖然你的本意是想要讓對方更在乎、更愛你，故意刺激對方的嫉妒心理、產生緊張感，但殊不知反而是將對方推得更遠。

如果太常對一點點小事感到嫉妒，雙方都會很疲憊，最終導致關係破裂。被懷疑的一方會覺得：難道對我連這一點信任也沒有嗎？覺得委屈、心情不好也是理所當然的。

如果感到嫉妒，那就和對方開誠布公的談談吧！最好能坦白到底是因為哪一點而嫉妒，或真的覺得雙方感情出現裂縫。此外，如果你的另一半總是這樣，你自己或許也要思考自己的行為是否容易招致對方不安，並和另一半好好談談，來解開誤會。

請大家一定要記住，這個因為嫉妒而痛苦的人，是愛著我們，同時也是我們所愛的人，所以大家一定要重視並尊重他們的情緒。

不健康關係的五大警訊

愛，可以分成健康的愛與不健康的愛。

健康的愛是可以讓兩人感到幸福並成長的關係，而不健康的愛是指兩人中一人或兩人都不幸福的關係。不健康的愛包含以約會暴力、過度的嫉妒或懷疑，甚至是囚禁來讓一個人在關係中漸漸枯萎。

之前我們曾提過，愛情也需要一定的距離。愛情不是數學的聯集或交集，應該是在兩個獨立個體間，架起一座名為愛的橋梁來相互溝通。

雙方既是兩個獨立個體，又是一對戀人，這個關係須好好維持，我們才能在愛中幸福且自在，還能快意成長。

而不健康的愛情則會有以下五大警訊：

一、控制狂

有的人連一下子都不願意跟戀人分開，並且會要求對方不論什麼雞毛蒜皮的小事都要告知。如果你的戀人是這樣控制慾強的人，那你就必須事無大小的向他報告。

剛開始時，你可能還會有點沾沾自喜，誤以為對方是基於「關心」，或是想「確認愛意」才這樣。不論你去哪裡、吃什麼、穿什麼，跟誰見面都在他的關心範圍內。

沒錯，關心的確是開始並維持一段戀情非常重要的因素，尤其當對方關注的焦點只集中在你身上時，真的會令人心花朵朵開。然而你會漸漸發現，連你喝咖啡的方式、點餐的習慣或買衣服的風格等，對方都要管，可能甚至連去餐廳吃飯時都不顧你的意願，直接幫你點餐了。

就像詹姆士．龐德（007）在點馬丁尼時，一邊說著蘭姆酒和綠橄欖的搭配，一邊說「不要攪拌，搖晃它」這個經典畫面一般，他深知如何魅惑你、讓你聽話。然而，這樣的事情一旦超過尺度，就是控制狂。

剛開始會很開心，覺得對方很關心你，漸漸的開始會覺得有點喘不過氣，好像被什麼束縛住一般。這時候你甚至還會覺得自己身在福中不知福，「不懂得感恩」就算了，竟然還會因為對方的關心感到負擔。

但是，當你開始有這種感覺時，就要特別小心了。因為越是不健康的愛，總要在已經無法自拔時才能發覺。請相信自己的感覺是對的，你覺得奇怪就是奇怪、喘不過氣就是喘不過氣。很多時候，我們的心比腦袋來得誠實。

暴力的關係並非一開始就暴力，因此感情的維持與發展過程遠比一開始來得重要。請大家專注在自身的感情及感受上。

二、孤立

這樣的人嘴上說著愛你，卻以愛為藉口開始控制你。

剛開始會以「擔心」的面孔，告訴你他對你的擔憂，因為你「被保護得太好」、「太單純了」，不知道世間險惡，然後慢慢的將你和身邊的人隔絕起來。

他連你去見朋友或家人都受不了，而你為了不讓對方感到不安，也漸漸斷了和家人、朋友的聯繫，開始極力配合他。雖然人們戀愛時，的確會想要天天黏在一起，以獲得歸屬感，但要是太過度，最終只會剩下你獨自一人。

大家一定要記得，真正健康的愛包含「自立」。如果因為相愛，就只能依賴他、只能看著他，然後切斷和世界的聯繫，最終只會剩下這個只有兩人的小小世界。而這個世界，甚至可能是不公平且總是很寂寞的。

三、嫉妒心強

先前我們已經提過，嫉妒雖可能危及感情，但也可能為感情注入一絲新鮮活力，讓感情更加緊密，畢竟太過安全的關係也容易膩。但是，會危害感情的嫉妒並不只是針對異性朋友，還包含朋友與家人。

這支嫉妒的箭會毫不留情的射向二十年的至交好友、父母或兄弟姊妹，而讓對方停止嫉妒的方法，就只有承諾「再也不會跟他見面，我最愛的人就是你」。

只要對方需要，就得立刻出現在他身邊；當他振臂一呼，你就要拋下一切奔向他。因為一旦不如他的意，他就會哭鬧、大叫、埋怨、指責，甚至不斷貶低自己，而愛著他的你就只能不斷安慰，並以他想要的方式去和他相處以維持這段感情。

雖然漸漸感覺好像被關在籠子一般，但因為愛著對方，不願讓他難過，所以還是會配合。而他卻不會就此打住，甚至會開始嫉妒你的時間、工作以及為了自我成長而去上的進修課程。

也可能是因為擔心你成長後變成更好的人，到時候就不會留在他身邊了（不論他是否這麼覺得），所以他並不希望你改變。

當他的要求越來越多，接下來可能會開始親自跟著你，或是利用電子產品監控你的行蹤、威脅你，而你們的關係也越來越走向極端。

最終想維持這段感情、已經深陷其中的你，也只能不斷滿足對方的要求。

四、不在乎

在不健康的關係中，所謂的不在乎就是指無禮的言語與態度。

他會把你當作開玩笑的對象，透過嘲笑、孤立你，讓你再也無法想著成長。像是批評你的外表，一起去買衣服時，會當著店員的面取笑你說「換個身材比較快」，將你當作笑柄；在朋友聚會中不斷打壓你，把你的小失誤和糗事都拿出來當笑話，還總說著「只有我才受得了你」。

一個好好的人，如果經常被嘲笑、指責，或是不斷被要求道歉，就只能像傻瓜一樣不斷解釋、自我辯駁，最後變得無法正常思考、忍不住經常自我懷疑，最終落得像被囚禁在監獄一般，漸漸失去自信與主導權。

覺得自己是個令人心寒的人，並認為除了「寬容的他」，再也沒有人會愛著這樣糟糕的自己，這就是煤氣燈效應（Gaslighting）[2]，又稱為情緒勒索。

一般而言，會對他人進行情緒勒索的人往往缺乏自信。因為認為自己無法受到他人的尊重，因此想要拉著所愛之人一起。要是讓對方變得悽慘，對方就不會離開自己，這樣也才能安心。

一個人如果愛你，就該成為你堅實的夥伴，和你站在同一邊。守護你的祕密、有義氣，總為你的成長加油，並讓你更有自信。但如果你深陷一段不健康的戀情，只會讓你覺得自己很可悲。

2 編按：一種心理操縱的形式，其方法是一個人或團體在潛移默化中，讓受害人逐漸開始懷疑自己，使其質疑自己的記憶力、感知力或判斷力，導致受害者產生認知失調和其他變化，例如低下的自尊等。

五、情緒不穩定

另一半總因為一點小事就突然生氣，這樣「晴時多雲偶陣雨」的個性也讓你的心情跟著像坐雲霄飛車般不安。分分合合也沒有變得更好，但聽到他說一定會改，你又像著魔一樣回到他身邊。

隨著時間一長，感情被消磨殆盡，整個人精疲力盡。雖然不斷和好、道歉，但感覺關係還是充滿不安。這樣不健康的愛情容易演變成虐待，而且非常難以察覺。開始出現一點小徵兆時就要特別注意。不過像這樣的情況，往往發現時都已經不是黃燈注意，而是紅燈緊急狀態了。但是只因為情緒不穩定就對你揮拳相向，或是無視你的不幸，這都不是愛。

真正的愛，以及真正健康的關係，應該是可以在對方面前真實的做自己也不會感到焦慮不安，應相互尊重且對另一半有耐心。

想要維繫一段健康的關係需要付出努力與練習。雖然愛是一種本能與情感，但是更棒的愛情能力是需要投資時間努力才能獲得的。

07 劈腿與無縫接軌

「為什麼愛情會變呢？」這句話出自二〇〇一年韓國電影《春逝》，儘管歷經長久歲月，依然是大家朗朗上口的名臺詞。

或許是因為這個問句，讓很多認為愛情恆久不變，沒想到最後卻以分手收場的人心有戚戚焉吧！但是，愛是會變的。雖然愛是一種體驗，但同時也是一種情緒。

當情感日趨平淡、無法從對方身上感到魅力、經常失望且發覺價值觀不同、分歧漸多之際，或是身邊出現了更好的對象時，愛會消失，也會轉移。

這是因為雖然愛的開始與情感維繫都是利他主義，但同時也極度自我中心。人類學家海倫．費雪表示，「人們劈腿的理由」大致有下列幾種：

＊想製造名目分手。
＊想引起戀人的關注。
＊為了獲得獨立自主的生活。
＊想證明自己依然有魅力，並希望能被理解。
＊需要有人一起說話，或是分享親密感。
＊單純渴望性愛。
＊為了尋找真正完整的愛。
＊想報復戀人。
＊欲追求極致的快感、興奮與顫慄感。

除了上述理由外，還有另一種說法是，男性就算與現在的戀人沒有任何問題也會劈腿，而女性則多半是因為現在的情感出現裂縫才會出軌。

某些心理學家認為，慣性劈腿是因為內心還停留在「幼兒階段」，因此無法長時間對一個人忠誠。不只如此，若成長期是孤獨的，就會因無法體驗健康的依附關係，而較沒辦法承擔責任，並與異性維持長久的關係。

雖然不須因為另一半的一點搖擺不定，就急著決定分手，但如果對方慣性劈腿到危及兩人的感情，最好還是果斷分手比較好。因為愛是仰賴信任才得以成長茁壯的。

分手後馬上和其他人交往的行為，我們會稱之為無縫接軌。分手是很痛苦的，若無法再繼續交往的兩人都能找到新的緣分，就這點看來，無縫接軌也不全然是壞事。比起兩人的裂縫已經大到無法修復，卻硬拖著不分手，陷入一種什麼都不是的狀態，還不如果斷分開，之後各自重新出發。

而無縫接軌之所以會成為話題，是因為在分手不久立刻有了新戀情，不免讓人懷疑有「時間重疊」的疑慮。就分手的禮儀來說，分手後，應該要經過一段時間的沉澱，再開始新戀情，這是無庸置疑的。只不過，人心有時候沒有辦法那麼果斷乾脆。

有些情況是，因關係變淡並受到外面的吸引，心裡同時有了還沒分手的戀人與在意的新對象，不知不覺就變成無縫接軌，當事人的心中應該也是相當掙扎。

當然，承受心中的孤獨感、歉意、羞愧與後悔是當事者的責任，並且基於體諒，希望盡可能不要讓另一半知道這個過程。因為被所愛之人背叛留下的傷痛會成為創傷，也可能對往後的關係造成負面的影響。

無縫接軌大致上可以分成兩種。一是在還沒與戀人分手的狀態下就與新對象交往，並在兩人之間不斷評估，最後選擇新對象的情況；另一種是分手當下的確沒有新對象，但因為寂寞與悲傷，或是想報復前任而立刻跟其他人交往。

我們先討論第一種，也就是還沒跟戀人分手就和新對象交往的情況。

交往時，腳踏兩條船並猶豫哪一個好，這種狀況會讓前任感覺被背叛，也容易受他人指責，但其實這種無縫接軌是非常普遍的。並不是下定決心刻意要背叛前戀人，而是在兩人關係岌岌可危時，遇見了新對象，因此選擇分手。

尤其，女性在戀愛中對親密感與關心等情緒部分需求相當高，當交往的對象對自己沒那麼關心，而身邊出現更好的對象時（尤其那人還比現在的對象更關心且更會照顧自己），就容易變心。實際上，劈腿的情況也大都是如此，對現在的關係感到孤獨或不幸，感受不到另一半對自己的愛意時，更容易受到動搖然後跟另一個人交往。

而無縫接軌的第二個情況其實比第一種更令人擔心，因為這意味著，在內心還沒完全整理好的狀態下，就和他人展開新關係。

所有的離別都需要花時間哀悼，因為要把曾經熱烈相愛、恨不得融為一體的人，進行從外到內的「清空作業」。若沒有經歷哀悼期，就與他人交往，雖然短期內可能可以填補內心的空虛感，但一段時間過後，心裡一定會感到混亂。

與一個人分手，要等待那個人在自己身上留下的味道慢慢褪去，也就是需要花一段時間讓我們完完全全的回歸自己，而非還處在前一段關係中。

直到就算在偶然的狀況下也完全不會想起那個人的名字、即使想到他也不再感到悸動或難過，這個時候再對新的人打開心房，也是對往後對象該有的禮儀。

這段時間內可以學習、閱讀、和朋友維繫友情，以及提升自己的內外在等這些先前因戀愛而疏忽的事，把重心回歸自己身上。

此外，萬一我們的另一半無縫接軌了，雖然一定會很生氣並覺得遭到背叛，但既然那人的心已經離開了，還是盡快放手會比較好。報復心態其實只會讓自己更受傷，因為這反而時刻提醒自己那些不愉快的感情，讓自己變得更悲慘。

既然他已經無心，就放手吧！寬容不是為了成全誰，全是為了自己。或許，放手讓他走也是愛，分手的這段路也要好好的收尾，才是真正的結束一段感情。

08 不愛的警訊

熱戀時，光想到對方就會忍不住嘴角上揚、走路時不自覺哼歌。但過了一段時間後，見面氣氛都很沉悶，也很難和顏悅色的跟對方說話。明知道兩人之間有些問題，卻莫名的不想努力改善。對方也總是小心翼翼的看我們的臉色，搞不清楚我們到底為什麼總在生氣。

人們會在不知不覺間「關上心門」。若有似無的冷淡、拒絕擁抱或性愛、在脆弱時的冷眼旁觀、責難或是背叛，都會讓我們「碰」的關上心門。

明明用心準備另一半的生日禮物，自己生日時卻被隨意敷衍；當另一半避開碰觸時，就會感受到對方不再把心思放在自己身上，因此也會漸漸向後退縮；當發現所愛之人吝於付出時，也會不想再多付出。

奇怪的是，一般會認為若其中一方往後退一步，至少另一方可以更努力靠近，不是嗎？但事實上，人們在感到悲傷或憤怒時，都會想要加倍奉還，所以「關上心門」是一個很自然的心理反射現象。

心理學家哈里・斯塔克・蘇利文（Harry Stack Sullivan）在《現代精神病理學的概念》（*Conceptions Of Modern Psychiatry*）一書中提到：「當我們視他人的滿足與安全如同自己的一般重要時，即是愛。」然而，當我們緊閉心房時，就再也不會關心對方是否滿足；若對方不再付出時間或金錢，我們也不會再付出，心中的愛也會消失。

愛會體現在具體行為上，像是看到他就忍不住燦爛的笑、想要靠近、觸碰他、看到他喜歡的就想買給他、有好吃的食物和美好的風景都想與他分享，或是想要提供幫助並照顧他。因此，心門一旦關上，也會先在親吻和性愛上看見徵兆。

因為和對方接觸不再使我們感到幸福、感受他的體溫也變得不重要了，當戀人不再做愛，就是關係疏遠的象徵。所以才說身、心、靈魂是一體的，這也就是無法「靈肉分離」的理由。

如果戀人間已經好幾個月都不想發生關係，也沒有其他親密行為，就意味著彼此已經相當疏遠了。在戀人間，性愛的問題總與其他問題息息相關，吵架時也會自然而然停止身體的交流，因此性愛關係中止絕對就是關係冷淡的開始。

除此之外，像是會不會想要牽手、摟肩等這種最低限度的親密行為、對方撫摸你時感到幸福或厭惡、會不會想撫摸對方等，這些都能作為確認的基準。

另外，最明顯的就是很難對另一半輕聲細語或是溫柔的講話，對方打電話或傳訊息也會不想回或是很晚才回覆，也不再關心對方是否愉快或寂寞。

如果想要改變，也不是完全沒有方法。重啟與對方的性關係和接觸也有助於恢復兩人間的歸屬感，相互撫摸可以讓肉體與精神層面的感受會變得強烈。

此外，若你因為自己不想為對方付出而感到苦惱或歉疚，其實就表示還殘留著愛的溫度，這個時候不妨試著努力為對方做些什麼。可以送對方他喜歡的花、衣服或是其他小禮物，但當你不求回報的付出後，關係和心情還是沒有任何變化，就是該離開的時候了。

當愛已成往事

不論是未婚男女或同性情侶交往，最常在一年內分手。美國史丹佛大學社會學者麥克．羅森費爾德（Michael Rosenfeld）曾在其研究報告中指出，**異性與同性情侶在交往一年內分手的機率為七〇％，其次為第五年，有二〇％的機率**，而此後分手機率則越來越低。這也表示，大部分的情侶都在交往不久後就分手了。

一般而言，情侶會在感受不到親密感或被對方拒絕、忽視時決定分手。而關係出現問題的時間點，通常是其中一方開始理性看待對方，而非用本能去感受、理解對方的時候。此時，情侶們會開始思考到底是要繼續忍受對方的缺點，還是選擇分手。

分手理由有很多，不過一般情侶的分手原因不外乎是以下五種：

一、性格與價值觀差異

雖然很多情侶都會說是因性格差異而分手，但其實大部分都是價值觀差異所致。如果對於人生、金錢、愛情、工作、結婚與育兒的價值觀存在很大差異，就會容易陷入爭執的漩渦中。

若是性格不同可能反而會覺得相處起來很有趣，性格相同也很可能會感覺過於平淡、無聊，但性格可以相互配合，價值觀卻很難改變，也難以磨合。因此在交往時，為了了解對方的價值觀，一定要經常深入對話。

二、與另一半的家人關係不睦

家庭是一個人的根本，也是自尊心的根源。若經常因家人問題而爭吵，可能就需要檢視一下其他面向。例如在判斷事情時，是否太過主觀？太過以自己原生家庭的基準來作為判斷依據？

當兩人決定交往、成為戀人時，如何在自己的父母與兄弟姊妹間維持適當的自主性，是非常重要的問題。

三、遠距離戀愛

遠距離戀愛若維持太長時間，可能會因為太少見面而產生誤會或累積不滿。如果雙方沒有透過對話來消除每次的爭執，就可能會變成分手的導火線。西方有句俗諺叫「眼不見，心不念（Out of sight, out of mind.）」，也就是人走茶涼、離久情疏的意思，這絕對不是一句空話啊！

四、人生規畫不同

「人生中的優先順序為何？」這句話其實等同於詢問價值觀。當雙方認為重要的事情有很大的不同，甚至差距甚大時，分手是可預期的。比如，覺得追求成長、挑戰與成就感很重要的人，自然很難跟追求安定的人和平相處。

五、不再渴望親密接觸

要是戀人對彼此的身體失去熱情，也很容易導致分手。愛很難只光談心靈，且人是身心靈一體的存在，因此需要將身心靈視為一體。

愛情變了的徵兆

* 喜歡獨處勝過兩人相處。
* 更常跟其他人聚會。
* 見面時經常查看手機。
* 突然有很多不滿，常因小事吵架。
* 對話變少、態度不耐煩。
* 與其他異性的界線變模糊。

除了宗教上因素以外，所謂的相愛，應該是指愛著擁有肉體的存在。肉體上的親密感可以增進催產素（愛情荷爾蒙）的分泌，讓相愛的兩人更親密的合而為一。認為自己正身處浪漫戀愛中的人，多半也會認為沒有性愛的關係是不健康的。

雖然這一點我們之後會再仔細說明，不過還是要先讓大家知道，性愛是和另一人分享「作為一個活生生的人所能體驗到的極致快感」。如果只是嘴上說著愛，卻不想牽手、不肯觸摸，也不願意擁抱，相信沒有人會認為這是愛吧！

10 果斷乾脆的分手傷害最低

愛情中，最難的階段就是「分手」。交往的時間越長，分手也越難。雖說是因為不愛了才會分手，但大多數的人即使不愛了，還是會像習慣般維持關係一段時間。

根據相關研究報告指出，一般人在發覺感情出現問題到分手為止，約莫需要三十個星期。其中交往很久、已經習慣彼此，或是無法承受寂寞的人，以及害怕分手的人則需要花費更長的時間。此外，開口提分手前，又會有更多猶豫不決的時刻。

與曾經最親密的人分手，或許比死別還要更難受。因為死別是不得不放棄，但分手是在雙方都還活著的情況下分別，就像是經歷關係的死亡一樣。

但也不能因為害怕分手的痛苦，就一直拖著。維持著不想要的關係，對雙方來說都不是好事，反而該盡快整理好心情，各自重新出發才是另一種體貼。

和曾經相愛的人分手，對所有人來說都絕非易事。在我們開口提出分手前，其實已經在腦中千迴百轉的自問自答過「難道真的不能再繼續下去了嗎？」，因此既然決定了，那麼分手就是對的選擇，要相信自己的感覺。

幻想完美分手的人，其實很自私

絕美的分手只存在電影中，要冷靜自若的分手，也唯有保持事不關己般的客觀才有可能。之前曾有一首歌的歌詞是「請殘忍的對我說分手」，這是因為越是乾脆果決，反而越容易讓人接受，於是拜託對方對我們壞一點，讓我們不要再想起他。

分手的臺詞也該果斷明確。如果一直語帶保留，反而會讓對方覺得還有機會挽回。分手的過程耗時越長、越是耍帥，都只是讓雙方更累、更辛苦而已。

之前有個學生來找我做戀愛諮商。他覺得分手很難，總是和戀人反覆分手又復合，不過最後還是下定決心要再分手。但明明已經決定了，卻說要等櫻花開，跟對方去賞花後再找時間說清楚。

他說，因為女朋友從很久以前就說過想一起去賞櫻，他卻從來沒有陪她去，所以要賞完花再分手，這樣會少一點虧欠……雖說他是為了減低自己的愧疚感，但這樣不是給一巴掌再給顆糖嗎？不，應該說先給顆糖再甩一巴掌？

我告訴他：「既然已經決定了，還是早點說清楚比較好。」幻想美好分手的人，背後都隱藏著一個自私的想法，那就是希望在對方的心中，自己是個「很棒的人」。

分手的真正意義是為了再也沒有辦法一起走下去的兩人，未來能遇見新的人，發展更好的關係，而做出的「正確的選擇」。

如果你想提分手

被分手的一方，經歷的痛苦，一定大於主動提的人。

這是因為提分手的人在提出之前，已經在心中無數次思考兩人的關係，多次經歷內心的痛苦掙扎了。但是對被知會的另一方來說，挫折與絕望卻彷彿晴天霹靂一般。因此如果你是主動提分手的那個人，希望能多多體諒另一方一時還無法「斷捨離」的情緒，畢竟他是你深深愛過的人，也是深愛著你，值得你感謝的人。

一、在提分手前先仔細思考

當兩人的關係變得令人不安且備感壓力時，就會萌生想分手的念頭。但是，我希望大家在分手之前，都能充分的深思熟慮，想想戀情無法持續的原因為何。是不是真的一定得要分手？如果再努力一點，是否能有轉圜的餘地？

哪怕還有一點點的方法，都要試著努力看看，實在不行的話再分手比較好。因為分手等同宣告從此不再相見，所以一定要仔細考慮。

二、不是因為是「壞人」才提分手，也不會因為先開口就會變成壞人

只要不是拖著玩玩的心態而隨意交往、分手的人，一定都是經過審慎思考後，才下的決定。而人們之所以一直拖延提分手的時機，無非是怕被貼上「壞人」的標籤，或是不想承受提分手的壓力，因此一直拖著等對方先提出來。

如果經過深思熟慮才下定決心，不妨就鼓起勇氣提出分手吧！

三、經歷分手痛苦時，請尋求身邊朋友的支持

有些人只要一談戀愛就「見色忘友」、不和朋友聯絡，也因此過一陣子後，朋友們就會自動察覺「應該是談戀愛了吧！」

但就算再怎麼被戀愛沖昏頭，還是該努力跟幾個關係親密的朋友維持聯繫，哪怕無法實際見面。這樣至少在分手後、覺得孤單時，還會有三五好友可以一起吃飯、喝酒，甚至一起罵一罵分手的另一半。

不過請記得，當朋友失戀並需要我們時，我們也要成為那個可以陪在身邊，給予支持、安慰的那個人。

四、決定分手的方式，並且盡可能在公開場合談

是要一起坐下來喝杯茶，還是寫信告訴對方？不論你再怎麼害怕面對面談分手，最好還是不要傳簡訊或用通訊軟體，做單方面又簡短的分手宣言。

如果覺得當面談壓力很大，怕對方可能會哭鬧、怕自己會動搖，那麼我覺得也可以利用信件來轉達分手訊息，最後不要忘記感謝對方這段時間的付出，並祝福對方。

有很多人覺得「搞消失」也是一種分手方式，但這其實非常殘忍。如果之前天天黏在一起的人突然斷了聯絡，剛開始會很擔心，而知道原因後會感到憤怒，像被背叛一般。難道一定得對曾經愛過的人這麼過分嗎？

若要當面談，場所最好選在公共場合，但不要太過喧嘩。如果因為擔心對方可能會哭鬧或失控的大吼大叫，就選擇只有兩人在場的私密場所，反而可能會招致危險，尤其是自己或對方的住處是最不適合的。

就算彼此都不是有暴力傾向的人，分手時也可能會控制不住情緒，所以在像咖啡廳這類的場域最恰當，談完也方便離去，彼此也較能稍微克制情緒。

最近關於安全分手的話題甚囂塵上，也因此提分手時最好選擇能先付款的場所，當然在發生問題時，有人能夠提供協助的地方是最好的。

五、分手應該要毅然決然

即使對方可能會大哭大叫、情緒失控，但既然已經決定了，就不要再優柔寡斷，毅然決然分手吧！如果不想重蹈覆轍，還是一次說清楚比較好。因為分手的過程拖得越長，會越感到混亂與寂寞，對方的憤怒感也會上升。

如果你是被分手的人

被告知的一方就像遭遇晴天霹靂的打擊，就算內心也有感覺愛情逐漸淡去，但當下還是會十分茫然。會想著再試試、再多付出一點，想要抓住對方，卻又憤怒於對方怎麼能這麼做。

一、請尊重對方的選擇

仔細想想，一定能從對方的行為中找到蛛絲馬跡，像是變得不常回電話、常常推延或取消約會等。其實我們也隱約感覺到關係發生變化，只是不願意接受事實而已。

一段關係就像是擊掌，對方不伸出手時，我們的手也只能停在空中，因此不論是交往或分手，另一方的意見都很重要。

如果對方態度堅決，就應該尊重他的意思。硬要拽住一個已經不愛我們的人，關係又怎麼可能變好呢？之所以迴避分手，是因為害怕會更痛苦，但分手後，其實就會發現，分手並不會真的痛苦到完全無法忍受。

就算愛情以分手劃下句點，也不表示我們一無是處，在交往與分手中，都學到了重要的事物。可能會因為害怕而對離別避而不談，或是因為怕寂寞而退卻，但經歷真實的失去後，意外的會有重新得到自由的感覺，最後也能發覺，自己在獨立的生活中悠然自得。我們可以從離別中學習成為更好的人，不是很棒嗎？

二、不要執著於分手的方式

以前，我總覺得分手要絕美，因此要面對面感謝對方的照顧、祝福對方，更好笑的是，還把對方送的禮物、寫的信都裝箱還回去。我到現在都還記得當時隔壁桌的人用一種「百思不得其解」的眼光看著我們。

但現在我覺得，其實不需要特別執著於分手的方式。

一般如果是被分手的人，總是很容易對另一方宣告分手的方式反應過大，也就是都會希望提分手的人，能夠維持基本的禮儀與風度。但如果對方無法面對分手的局面，只願意以信件或電話提分手，那就接受吧！

「見到我已經令他這麼難受了嗎？既然這樣，就按照他想要的方式吧！」大家不妨這麼想。

突然接獲對方的分手通知時，可能會覺得很荒唐、覺得對方背叛自己，不願意這樣莫名其妙的結束，認為至少應該面對面說清楚，看看會不會有轉機。但我希望大家能理解一點，就是當對方已經把分手的話說出口，就表示沒有挽回的希望了。

曾經收到的禮物或信件，也是自己處理就好了。分手，對曾經在一起的兩人都會留下一定的傷痛，所以不要強迫彼此，為了交還這些東西而在雙方的傷口上撒鹽。

關於分手後的那些事

就像之前說過，離別也需要哀悼的時間。據說時間的長度大約是相愛時間的三分之一。或許該說，當初有多熱烈相愛，分手時就需要與其相當的時間來哀悼。

一、分手後就不要再見面了吧！

「天啊！你們又復合了？」

「嗯，想再努力試試看。」

很多情侶會分手再復合、復合又分手，就像只是在練習一樣。也有不少的情侶會因為對方是好人，即使分手了還想繼續當朋友。最近甚至有電視節目邀請幾對分手的情侶來參與實境演出，真是殘忍。雖然大家不知道彼此間的關係，但整個節目中充滿著嫉妒與動搖不安。

而分手後的情侶若持續見面，關係也會隨著時間拉長而變得混亂，不僅無法確認自己的心意，還會變得殘忍或是不斷爭吵。

昨日的戀人有可能變成今日的朋友嗎？如果想要當朋友，前提是不會再對這個人心動。若有一天看見這個人時，心中波瀾不驚，那就是能成為朋友的時刻了。

二、「以後還是朋友」這句話的陷阱

當男女雙方無法拒絕一個人或難以分手時，常會出現「那不然做朋友吧！」這樣的話。因為害怕永遠失去，所以才以「當朋友也好」這樣的方式留在對方身邊。

但其實，做朋友這句話的意思是進可攻退可守的，只是既不想跟對方在一起，又不想失去對方的關心，或是即使被拒絕還是不死心，想留在對方身邊的一種手段。

若對方不願意接受這種提議，分手的責任就會被轉移到拒絕當朋友的那一方，因此提出這個要求的人內心不太需要覺得愧疚。

不過一般而言，女性說「我們還是當朋友吧！」就是明確的拒絕，因為不論多麼努力去累積「友情」，前戀人還是很難變成真正的朋友。

就男性立場來看，如果以朋友身分待在前女友身邊，也會錯失認識其他人的機會。而且對女性來說，像這樣既是朋友又不完全只是朋友的存在是很尷尬的，既然一開始雙方的目的就不同，還是說清楚、講明白的分手比較好。

承認分手後會難過一段時間

最近有學生這樣問我：「真的有人能很酷的面對嗎？我朋友最近分手了，但他看起來好像完全沒事的樣子。」

真正愛過，分手又怎麼可能若無其事呢？分手就等於是要從我們身上割捨掉曾經是我們全部（當然分手時已不再是全部）的存在，怎麼可能不痛不癢？要不是不愛對方，或是分手時已經沒有任何愛意，就是因自尊心作祟而假裝毫不在意而已。

甚至也有人對情感反應較遲鈍，沒有察覺自己當下的痛苦，所以在跟對方分手後還能像沒事一樣吃吃喝喝、開心過日子，等到有一天聽到和對方相關的歌曲，才突然像被打開開關一樣痛哭並哀傷不已。

當初有多熱烈相愛，分手時就需要與其相當的時間來哀悼。

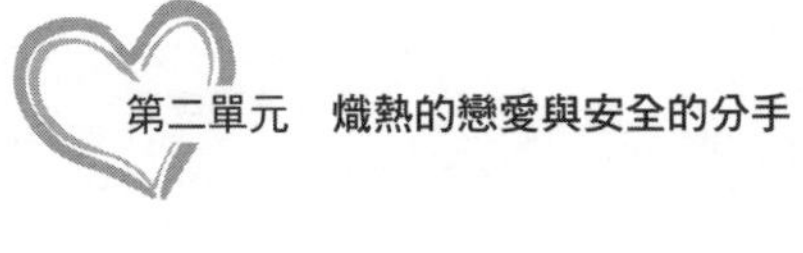

失戀也是戀愛的一部分

「我曾經有一個很愛、很愛的女生。跟她分手時，我覺得我這輩子都不可能忘了她，我真的那樣覺得，但不久前我才驚覺自己已經不再想起她了。怎麼會這樣呢？」這是搞笑藝人曹世鎬說的話。

那時我回答：「時間就是最好的良藥。」不論是什麼樣的傷口，時間過了就會癒合；不論是怎麼樣熱切的愛，也會隨時光被逐漸遺忘。

當然，人生在世不免偶爾還是會想起，但那也只是一段揪心的過去而已。不單純只是時間流逝，而是因為我們在這段時間中的生活會幫助我們漸漸忘卻，就像船過水無痕一般。

不管再怎麼痛苦，過去的愛就是逝去了，我們會在生活中慢慢得到安慰並忘掉它，而身邊也會再次出現「好的對象」。以下我為大家介紹九種與時間一起克服失戀的方法與想法：

一、理解分手的原因

我想，在分手前應該也多多少少感覺到關係的變化了。如果確切知道分手的理由，整理心情也比較容易。但要注意不要想太久，也不要過於糾結。

二、打起精神，不讓理智斷線

分手後，可能反而會感受到比在一起時更強烈的愛意。

戀愛時的戒斷現象，就跟毒品成癮者戒毒的過程一樣。會忍不住纏著對方、一直糾結為什麼分手、不肯放棄，甚至在線上與實體都開始跟蹤對方。時時檢視對方的社群媒體、確定對方是不是幸福、跟誰見面、日子過得怎樣，沉迷其中無法自拔。

因為透過社群媒體一直盯著對方的一舉一動，所以這個上癮的症狀會一直持續，不但不能減少心裡的痛苦，甚至也無法復原。因為不斷的劃破傷口，只能一直陷在失戀的傷痛中。

如果前戀人有了新對象，也會感覺被背叛。很久前，有一個年輕女生來找我，她說當她知道前男友要結婚的消息時，氣得忍不住打電話給準新娘並跟她說：「我一定要告訴妳，他是個多爛的人！」但其實，她的前男友並不是一跟她分手就結婚，當時，兩人已經分手超過兩年了。所以這個女生到底有什麼理由生氣呢？

分手後好好守護自己的方法，就是打起精神，注意不要讓理智斷線。只有理性能救贖我們自己，因為不論對方怎麼解釋，我們都不可能會滿意。所以，不管你對分手有多少疑問，現在都停下來吧！

三、接受事實，好好放手

請放棄「對方可能會回心轉意」這樣不切實際的希望，並好好接受這件事。「是啊！她已經離開我了！」、「那個人的生命中再也沒有我的位置了。」如果你對破裂的關係懷抱希望，就越不可能走出來。現在，就放手讓他走吧！

四、不要美化過去

大家在失戀時最常做的事情，就是不斷回想過去在一起的甜蜜時光，同時會為回憶及戀人套上濾鏡，而這樣的行為只會讓失去的感覺無限放大。

因此大家不妨想想，這個人既然這麼完美，關係為何還會破裂呢？在這段感情中，彼此真的幸福又快樂嗎？

失戀的一大特徵就是美化過去，因而認為過往的一切都非常美好，對方也很完美，並不斷怪罪自己破壞了這段關係。但是如果好好面對現實與過去，就會發現分手的理由其實是很清楚的。

五、寫下關係中令你感到痛苦的事

除此之外，還有更具體的方法，就是回想前戀人的缺點、對他的不滿，或是讓我們感到痛苦的點，並儲存在手機裡。每當發現自己有點懷念從前時，就打開手機閱讀，這樣就能讓情緒穩定下來。

失戀會使我們失去理性，而實際上，根據一些研究顯示，失戀的確會讓智力暫時性受損，智商也會暫時變低。

失戀時大致上所有的悲傷與痛苦症狀都會顯現，也會因為空虛讓身邊很多事情一團亂，像是失眠、免疫力變低、憂鬱等，甚至可能會有自殘的想法。這樣的想法因為相當具毀滅性，一定要留心並尋求治癒之法。

六、填滿生命中的空白

在戀愛時疏忽的家人與朋友，請多與他們相處。他們的鼓勵與支持，才能讓我們慢慢從失戀中走出來。此外，當身邊友人失戀時，也請大家溫暖的鼓勵、安慰。

更重要的是，找回做自己的時間。是不是有些事自己本來很喜歡，卻因為戀人討厭而放棄或推延的？

像是你明明喜歡海邊，卻因為戀人喜歡山上，所以已經很久沒去看海了。這樣不妨去海邊走走、享受自己的時光。把這段時間當作是回歸自我，並為自己充電的好時機。也可以去學之前想學，卻因故一直沒去的課程，從讀書、舞蹈、圖畫與音樂等這些你想做的事情開始。

另外，想治癒被人傷害所留下的傷口，沒有比當義工、幫助他人更好的了。尤其是去育幼院照顧小朋友，或是去療養院協助老人家沐浴、用餐等，透過這些親密的照護行為（雖然也有可能反過來，我們才是被照護的那個）都能讓我們心靈的傷口更快痊癒。

七、不可借助藥品、毒品

再難過，還是要盡可能靠自己的意志力撐下去。因為一旦開始借助外力，像是酒精或安眠藥，就會忍不住依賴。如果真的太難受，發覺已經撐不下去，請尋求專家的協助，或是向朋友傾訴來尋求慰藉也可以。

很常看到男性失戀後會有很長一段時間就跟廢人一樣，因為認為失戀是失敗的象徵，但又不想讓他人看到自己脆弱的模樣，所以會一人硬撐，或是酗酒、耍孤僻把自己搞得一團亂。其實男性反而更會因失戀而崩潰。

酗酒或是拚命打電話給前戀人的大都是男性，甚至我也曾看過在分手後，不經深思熟慮就跟交往不久的對象結婚（因為覺得已經跟深愛的她不可能了），然後展開一段不幸的婚姻生活的人。這樣一來，其實一輩子內心都會像無根浮萍一樣無所適從。因為婚姻比戀愛難，而且需要更多的努力。

反之，對女性來說，透過向身邊的朋友傾訴來尋求慰藉並不難，也會跟朋友一起吃好吃的東西、旅行、嘰嘰喳喳聊天來獲得安慰。

其實悲傷只要能說出來，就能慢慢減輕。但如果真的因為失戀太痛苦，而影響日常生活，一定要尋求專家或是身邊親切且理性的學長、學姐或長輩的協助。將內心的傷痛說出來或是寫下來，都有助於心靈的傷口痊癒。

八、分手，不代表人生終結

有些人，分手後就把自己活得像個廢人一樣，但大家要知道的是，即使經歷分手，人生還是會繼續下去。至於失戀的經驗對我們的人生究竟是藥還是毒，一切全看自己。

把失戀當作一個好的經驗，肯定的看待然後寬容對待自己。因為這逝去的愛，我們也曾經有過很多幸福的瞬間，更因為失戀而得到變得更成熟的機會。除此之外，也能培養眼光，識別真正適合自己的人。

失去了所愛的人當然會傷心難過，但就像傷口會隨時間癒合，往後也會再遇見新的愛情、共享新的喜悅，希望大家不要忘記這一點。

九、最後，請相信自己的身體

心靈脆弱時，就相信自己的身體吧！想要走出失戀的傷痛，最有效的就是活動身體。先站起來，穿上運動鞋，然後走到外面或跑或跳，甚至登山也行。做皮拉提斯也好，游泳也可以。活動一下身體、流流汗，你會感受到身心都變得輕鬆。開始每天運動吧！

有很多經歷生離死別的人都說，透過每天去爬山、跑馬拉松，最後竟然不知不覺從別離的傷痛中走出來了。本來只是想著如果忙於活動身體，即使再難過，至少身體可以放鬆，但沒想到連心情都變輕鬆了。

運動能讓我們身體變健康，獲得成就感，而成就感能使我們再次相信自己。別忘記要好好吃飯、多運動。

傷口是否留疤，全看自己決定

失戀的傷痛可能會比想像中持久。

有時你覺得自己快好了，好像已經忘記了，卻在某天聞到熟悉的味道，或是聽到熟悉的音樂，整個人又陷入悲傷之中。但是，你一定會漸漸好起來的。就算速度緩慢，你也正在好轉。因為對失戀的創傷而言，最好的藥就是「時間」。

就像身體經歷了大手術要慢慢恢復一般，我們的心靈也終將痊癒。雖然分手讓我們的心變成了煙硝瀰漫的戰場，但是為了自己，還是需要持續戰鬥下去。

我們都是值得被珍惜的人，雖然失戀的傷痛沒有人想再體驗第二次，但透過離別的傷痛能讓我們更成熟。有種稱為珍珠貝的蛤屬動物。牠會以柔嫩的肉將進入蚌殼的沙子包裹起來並育成珍珠，但是也有些貝類會因為沙子而導致整個肉腐爛而壞死。

因此，傷口到底是會留下疤痕，還是成為被我們稱為美好經驗的人生寶石，只有我們自己能決定。我們稱之為「痊癒的鍛鍊石」，只要擁有正面的心態與對未來的美好期望，都能幫助我們更快痊癒。只要能撫平傷痛重新站起來成為更好的人，失戀反而會是成長的機會。

希望大家不要認為失戀是百分百的壞事且對此心懷恐懼。

事實上有不少人對失戀做出相當正面的回答，像是「好像被解放了一樣」、「好像終於做回自己了」、「好久沒有在外面愉快的享受生活了」、「分手後我好像變成了一個更好的人」、「我覺得我現在越來越了解自己了」。

透過分手，我們會更懂得如何與人溝通，能確認與朋友的友情，還會更有自信能成為一個更好的人。最重要的是自由自在、能回歸自身，也更確信自己能更堅強聰明的迎接面對下一段美好的關係。

現在，不妨寫下單身的優點，並為能好好整頓感情關係的自己，鼓掌喝采。

第三單元

性愛，熟能生巧

第一次，何時發生比較好？

「跟男友交往三個月了。最近男友提議要一起去旅行，這是要上床的意思吧？第一次發生關係應該在交往多久後比較好呢？」

令人驚訝的是，這是學生常常問我的問題之一。而我在這種時候，都會很認真的回答：「妳覺得，下個星期二晚上七點如何？」

然後學生們無一例外的都會說「咦？什麼啦？」然後笑出來。

是的，最適合發生關係的時間，只有當事人最清楚，也只有當事者能決定。

不過，性愛其實是很難被預測的，所以情侶們在開始有較親密的肢體接觸後，最好就開始將性行為納入規畫中。先聊聊關於希望大約何時進行第一次性行為、在什麼樣的環境或條件下，還有自己能做到什麼程度等，這就是我說的規畫。

當然，我們也可能在完全沒有預想到的時間、空間與另一半發生關係，而且其實比大家想像的更常發生，因此平時最好就透過對話來做準備。

初體驗的感受，男女大不同

二〇二三年，韓國保健醫療研究院發表了韓國人的性型態調查報告《HPV疫苗國家預防接種普及分析》，其中公布了韓國人平均第一次發生性行為的年紀。男性和女性第一名均落在「二十至二十四歲」，分別是六五．九％和五七．四％。其次是「二十五至二十九歲」，男性是一九．八％，女性是二六．四％[1]。

與其他國家相比，韓國人第一次發生性行為的年紀好像並不算太小。當然，如果可以，誰不希望第一次性行為是不後悔且毫無失誤的美妙經驗呢？但是事實上，對第

1 編按：關於第一次發生性行為平均年齡，目前查無較近期的統計數據，但根據我國衛福部國民健康署一一〇年青少年健康行為調查報告顯示，國中學生曾發生過性行為者占一．四％，高中職學生則占一一．六％。

一次性行為感到滿足的人，頂多只有三分之一而已。

二〇〇九年我參訪德國的保健博物館時，看到某個展間的牆壁與地板上寫著這樣的文句：「就這樣？」、「失望透頂」、「竟然！」、「哇嗚～」在詢問之下才知道上面寫的都是大家對第一次性行為的感受。

實際調查會發現，男性通常比女性抱持著更肯定的態度。或許是因為光是做愛就足以令人滿足，也可能是因為對性愛的社會評價與認識，和女性不同的緣故。

那女性呢？有三分之一抱著否定的態度、三分之一抱持肯定想法，剩下的三分之一則有「就這樣？」這種不耐煩和失望的反應。

在初次性愛後，覺得後悔、挫折、羞恥與不安的女性，多半是在對方強烈要求下勉強發生關係，或是親密接觸的經驗很少，並相對保守的人。

而抱持肯定想法的女性，則是與所愛且信任的對象在有安全感的環境中發生，因此有被保護的感覺。

另外，如果過程中有親吻或是愛撫等親密接觸，也有助於對初次性行為的肯定。

什麼時候發生第一次比較好？

最好在彼此互相了解、已經清楚對方的個性、價值觀還有待人接物的方式後，才去探索彼此的身體。情侶一旦發生性關係後，就會出現只用身體交流的現象。因為性愛就像個開關，打開我們對身體的愛戀。

發生關係前，兩人見面可以一整天到處逛、去看喜歡的展覽、電影，或是在咖啡廳相互凝視並愉快的喝飲料，但發生關係後，約會模式就會轉變成見面後一起看電影然後做愛、吃完飯後做愛，甚至之後還會演變成只做愛的情況。

了解對方好像就變成不重要的事了，也因此，我認為最好在充分了解對方之後再發生關係比較好。就像開口說「我愛你」無法像「我喜歡你」一樣快速且容易，性愛最好還是在對雙方有充分了解之後才進行為佳。

最重要的是，一定要在自己願意的情況下發生，而非基於對方施加的壓力，也不要因為朋友起鬨或是想證明自己是大人，就隨便交出自己的身體。

如果是因為對方要求獻身以證明愛意，或是擔心再拒絕，兩人可能會分手，在這樣的情況下與對方發生性行為，這個不愉快的初次性經驗就會長久留在記憶中。

也有不少人在沒做足準備就有了初次經驗，反而陷入苦惱，像是開始討厭對方，或是不夠了解對方，只是很習慣跟對方做愛。沒有人會忘記自己的第一次，因此擁有一個自己主導、美好又浪漫，並且值得珍惜的經驗，不是更好嗎？

我愛妳，是想和妳做愛的意思

根據研究指出，即使在感情不深，或是還不完全確認是否真的愛一個人時，男性也會想跟對方發生性關係。另外，男性有比女性更急著告白的傾向。

實際上，我在教學現場中詢問男同學時也得到相同的答案，有男同學表示，就算沒有百分之百的愛，但如果說「我愛妳」就能確保可以做愛，就會這樣說。

不同於女同學覺得收到情書、禮物，或一起散步相當浪漫，男同學則說「做愛這件事」本身就是浪漫的事。所以，的確男性們認為的愛和性是更接近的。

因此，我希望女性在聽到男性說「我愛妳」時，能知道這句話同時包含著「我想和妳做愛」的意思。當男性向妳表白時，更應該有判斷的眼光去辨識這個男性是否真心，以及妳自己是否真的喜歡他。

見面就愛愛，好嗎？

以前，韓國年輕人在談論交往對象時，常說「求自然相遇（자만추）」，但現在這個詞的意思改變了，已經不再是「講求自然相遇的緣分」，而多被當作「講求先睡再交往」來使用[2]。這也表示，現在先發生關係再交往的情況變多了。

這句話也被稱為「先性後愛」，一如表面字義，就是先做愛，確認對方的性愛風格令自己滿意後才發展成戀人關係，如果不滿意，就不再相見。性愛也是認識一個人的途徑，多多少少能消除對性的戒備，我並不想說這個方法是錯誤的。

但我還是有幾個介意的點，其中最關鍵的就是過於追求先性後愛，將有礙身體健康。還不太清楚對方是什麼樣子的人，就和他發生關係，容易招致許多危險因素，像是性病、無法預測的性行為，或是無法及時做避孕準備等。此外，也會容易引發心理問題，像是後悔或是挫敗感，而持續這樣隨意的性愛也會使人自尊心低下。

世界上二十多歲的成人當中，有五七％正在體驗性愛並持續進行性行為。越早開始性行為，理所當然性伴侶的人數也會增加。近幾年，在年輕人間很流行「約炮」及「炮友」，意思是不需要負責任的性愛，以及能做愛的朋友。比起人認真交往、發展較深的關係，現在很多人反而喜歡這樣的「休閒性愛」（Casual Sex）。

像這樣隨意的性愛之所以增加，是因為想避免需要認真負責任的關係。像是在酒後更容易發生一夜情，因為藉著酒精人變得更大膽了。

雖說男性看待一夜情的態度比女性更正面，但還是會有不少人在事後感到愧疚、挫敗或後悔。此外，跟男性相比，女性則會期待能與一夜情對象發展成戀人關係。

現在的年輕人對於婚前性行為的看法比以前開放，不結婚的人也越來越多，因此，有不婚共識的同居或戀愛關係也變多了。但就算不是以結婚為前提，我也反對先性後愛，因為唯有跟真心想守護且珍惜的另一半發生的性愛，才是最棒且最幸福的。

---

2 譯按：這兩句話的縮語發音相同。

03 第一次性愛卻失敗

第一次性愛總是令人悸動且興奮，但對於第一次的滿足感，就很難保證了，尤其當兩人都沒有經驗時更是如此。

實際上，大多數的初體驗，都是以失敗收場，像是年輕男性容易因為緊張過度，而太快射精或是無法完全勃起；因不了解女性的性生理，一開始就插入困難；或是女性也不了解插入是什麼感覺，誤以為已經成功了，甚至有些人根本只覺得疼痛不堪……這些情形也不少見。

近來也很多人會從A片上學習性愛技巧，但A片中呈現的內容很多都是誇張或扭曲的，作為學習性愛的教科書只會令我們難堪。

第一次進行性行為的男性無法勃起，可能是因為心理上的緊張或不安；太快射精

則是因為年輕、沒經驗，性器官太敏感所致。此外，如果之前有長時間的自慰習慣也會導致早洩，因為已經養成想要快點結束的習慣。

但是也不必因為一次的失敗就氣餒。就像經歷幾千次的跌倒才學會走路，更何況性愛還需要與對方相互配合，怎麼可能第一次就很棒？而早洩是很常見的現象，只要注意不要因執著於失敗，而演變成續發性早洩就好。

以女性來說，對第一次性行為感到恐懼也是難免的。尤其在女性之間常流傳著關於插入的一些誇張故事，再加上要在對方面前脫掉衣服、裸體，更是壓力值拉滿。

此外，男性們通常在性愛一開始就因為興奮而勃起，但女性不同，需要慢慢來。尤其是對性較保守或心情複雜（感到愧疚、擔心社會評價等）都會讓女性更難集中在性愛上，也更難感到興奮與滿足。

請懷著愛意撫摸彼此

愛撫，一如其名就是帶著愛意去撫摸雙方的身體。透過愛撫刺激雙方的身體，讓全身心都感到興奮。即使有些生疏也沒關係，請溫柔的撫摸另一半，然後擁抱、親吻，都能讓兩人的性愛更愉悅。

剛開始做愛時，讓女性興奮的方法就是輕柔、緩慢又全心全意的愛撫她，也可以在她耳邊傾訴愛語，然後撫摸她的全身各個部位。此外，胸部是女性的性感帶，一定要用心的撫摸來讓女性興奮。

透過愛撫女性最敏感的性感帶——陰部——來讓女性感覺到高潮，而如果有插入的需求，這時就可以進行。所以，插入的時機不是由男性決定，而是由女性決定，才會是真正美妙又令人著迷的性愛體驗。

女性要在充分的興奮後，陰道分泌的陰道分泌液（巴氏腺液）滋潤性器官，才能滑順的插入。男性們最常搞錯的就是，以為當女性開始分泌陰道分泌液，就表示可以插入，但其實那只表示女性開始興奮而已，並非已經充分興奮。

同時，我還想強調一點，就是並不是只有女性才需要愛撫，因為不是只有女性有性感帶，男性的身體也有。

現在的男性再也不是粗獷的獵人了，他們也有著細緻的肌膚，跟女性一樣敏感。

因此愛撫，對於男女雙方來說，都是讓對方興奮與喜悅的必備技術與必須的努力。

請記得，性愛不是某一方為另一方提供的服務。它是兩人極致愛的表現、確認，透過這樣的互動來相互付出與給予，一起達到欲仙欲死的境界。

性經驗的滿足程度取決於正確的性知識。擁有安全又健康的性愛知識，男女雙方都能在心安的狀態下積極投入，就更能體貼對方，過程也會更愉悅並更有趣味。

現在還是有很多家庭是保守的，而因為在學校或是家庭缺乏接觸性教育的機會，很多人不只是對於性，就連性生理都不了解，於是對性感到羞恥與害怕，連帶的第一次性行為不要說滿足，根本連成功都很難。

另外，如果在對性保守又否定的家庭中壓抑的長大，女性就越會感到羞恥不安，並畏懼性行為。像是害怕插入所以半途而廢的情形也不少，嚴重時還會引起「陰道痙攣」，這樣不要說男性的性器官，就連放入小棉花棒也會覺得痛。這樣的情況被視為病理性症狀，需要找性專家或性心理諮商師進行商談才會好轉。

男性也需要擁有正確的性知識，才能避免陽痿（勃起功能障礙）、早洩及延遲性射精等其他性功能障礙，或錯誤的性行為。

因此，就結論而言，男女雙方對彼此的性心理與生理擁有越正面且正確的了解，才能更快樂的享受性愛。對性的了解越多，越能擁有滿足又愉快的人生。

這些話，請不要對伴侶說

對第一次性經驗感到滿足的人真的比想像中少。大都是因為不夠興奮或是比預期的更早結束。雖然不是很棒的經驗，但還是要特別注意顧及對方的心情，不要讓對方感到丟臉。

失望的表情或言語會使對方更加萎靡，以後犯錯的可能性會變大。因此，應該要懷著滿足的心情，欣喜兩人一起完成了初體驗，事後緊緊擁抱彼此也有助於往後的愉悅性生活。

此外，就算第一次性愛完美結束，也不要開玩笑的跟對方說：「你是不是經驗很豐富？」這不是剛經歷生命大和諧的人應該說出的話。其實不只是在初次性行為後，不論何時都絕對不能說出批評對方身體的話，像是「你真的很小！」、「妳胸部比想

像中小！」之類的，這是基本的禮貌。

性愛是戀人間非常重要的溝通方式，也是分享愉悅與快感的雙向互動行為。再次強調，性愛是以自己的身體和行為去向對方表達極致的愛並確認愛意，進而分享喜悅的活動，希望大家都能在性愛中感到幸福。

「內八字」的樂趣

「大家都說性生活協調很重要，但我跟他好像不太合。試了幾次，但都覺得不怎麼樣。」

「聽說最近情侶分手的最大原因是性格差異。但這當中，居然也包含了性器官的尺寸差異。」

進行以情侶為對象的演講時，「性生活協調」是一定會登場的重要提問。

現在時代已經發展到了就算是在新聞上看到地球上方有無數的衛星、火星探險，並找到與地球相似的星球這樣的消息也不足為奇，甚至有時看到在夜空中閃爍的亮點，還分不清是星星還是人造衛星。

但即使科技發展到這個程度，人們還是對八字深信不疑，尤其是被韓國人稱為「內八字」的性關係，甚至我們可以說，現代人對內八字的看重更甚於八字。

「內八字」指的是「兩人能愉快享受性生活的速配指數」。雖然不知道這種說法是誰提出來的，但身為性學專家的我則想對大家說，雖然內八字有所謂合不合，但並不像八字一樣天生注定，是透過努力就能變好的。

「內八字」包含什麼呢？包含想要的次數與時間、性器官的大小與感受、喜歡的愛撫方式、性愛風格等繁多的細項。

仔細看會發現，只有性器官大小是天生的，其他的項目都能透過溝通調整，而性器官的尺寸問題，又能靠雙方感覺舒適又愉快的體位來補足。

我不知道實際上有多少情侶一開始就「一拍即合」，但確實有很多非常相愛卻深受性事不協調所苦的人。因為人的性器官是具有體積與長度的「具體存在」，的確有可能一開始就非常合或不合。

不過實際了解，就會知道決定「性愛」的不是身體的感覺器官與末梢器官。事實上，「性」幾乎可以說是「腦在主宰一切」，也就是說心情與態度對性愛影響極大。

那麼相愛的人為何還是無法體會性愛的美好呢？應該是因為性感帶未被開發或是技巧還有待提升。就像我們明明很愛對方，卻也會因為說話技巧不佳、不夠圓滑，無法表達內心而遭致誤會，不是嗎？

想要改善性生活，需要雙方共同努力。可以試著相互探索彼此的身體，感受對方喜歡被撫摸哪裡、撫摸哪裡又會感到興奮等，此外，傳達「你喜歡他怎麼撫摸」也是很必要的。

就像常見面的人也更容易用話語表達真心一樣，性生活與性關係也是一樣。因此我認為性愛才是最強力的溝通方式。

韓國並不是性教育發達且具體的國家，因為性教育流於表面且相當保守，人們難以從小就獲得性的相關資訊。長大後也一樣，比起正確討論健康的性知識，大都是朋友之間錯誤且私密的以訛傳訛，或是透過A片學習到錯誤與扭曲的資訊。

而實際上，前來進行性關係諮商的夫妻，只要經過正確的性教育後，百分之六十的問題都能改善。男性與女性的性生理與性心理既相同又不同，性反應也一樣相當不一樣，所以只要理解這個差異，問題就能獲得改善。

練習，才會進步

性愛是越了解對方越會覺得美好，心醉神馳，並且會越做越好。所以性生活協調與否不是「性器官大小」的問題，而是應該將它視為兩人之間愛的濃烈、經驗有無與溝通，以及性愛技巧的綜合問題。

而性愛也不只是插入性器官，還包含相互凝視、親吻與撫摸的過程，甚至愛侶之間面對面坐著溫柔的談話也可以是美好的性愛。

有時候，溫柔的愛撫或親吻、口交或是滿懷愛意的稱讚插入，更能帶來強烈的高潮，也因此性器官的尺寸根本不是那麼重要。

故而「性愛」可以說是我們以「身心靈進行的溝通」。跟戀人有了幾次經驗後就說「兩人性生活不合」，等同於只跟一個人見面幾次就輕率斷言與他的關係一樣。

想要跟一個人變得更親近，就要常常見面、一起吃飯、聊天，要經歷這過程才能發展成較深的關係，性愛也是一樣。

相反的，也有剛開始時兩人在性關係上很合，但漸漸變得不好甚至厭惡的情況。

這就是因為每次一成不變的性行為使人產生厭倦感，也可能是兩人關係改變的證據。不論性器官再怎麼相合，或是性愛技巧再好，只要對另一半感到失望，開始討厭這個人，自然而然就不會想再跟他做愛。

只要在意另一半的幸福，性生活就會變好。性生活的愉快與否，就是你對另一半的關心與愛的表現。

你看過自己的性器官嗎？

在進行性教育課程時，我總會問學生：「有仔細看過自己性器官的人，請舉手。」這時男同學通常會瞪大眼睛，一副傻眼的樣子；女同學則露出難堪、害羞的表情。最後，可能會有約莫兩名女同學有點扭扭捏捏的查看四周後，才快速的舉手又放下。

我在課堂進行這個提問已經超過二十年了，但同學們的反應一如既往。舉手的女同學多半是因為外陰部搔癢，或是分泌物有異味才看的。此外，因為好奇性器官的長相而仔細觀察的人則相當少見。男同學們也感到有點驚慌，因為較習慣把它當作泌尿器官來看，而非性器官。

但不妨想想，連屁股、腳底板，甚至是要使用兩個鏡子才看得到的後腦勺都在看了，為什麼唯獨不想看見自己的性器官呢？性器官是我們身體的一部分，為什麼看它會感到不自在、羞恥，甚至感覺像變態呢？

在這堂課中，學完男女性生理後，會有一項性器官觀察作業。我會在課堂上仔細說明男女性器官的構造與機能，接著讓學生回家觀察自己的性器官並寫下感受。

這時有不少女同學臉上出現不知所措的表情，她們的表情就像在控訴著：「怎麼會有這麼變態的作業……」、「怎麼能看那裡？」。

我之所以強調要觀察性器官並出成作業，就是想要打破這種思考方式。身體的其他部位都能看，為什麼性器官不能？女性雖然可以辯稱，就構造上而言需借助鏡子才能觀察自己的私處，不太方便，但最主要的原因還是內心覺得不自在。

因為從小與性相關的事物都是禁忌，就連不小心將手放到私密部位附近，大人們也會罵「幹麼摸那裡？」、「不能摸！」尤其是女性，受到的教育更為保守。

當然，男同學也會對這個作業感到不知所措，但更多是「唉唷！幹麼要特別做這種作業啊？」這樣的感覺，而不是女同學們的「該怎麼辦？」。

因為男性的生殖器是露在身體外的，幾乎所有男性都看過自己的性器官。像是小

便時或是自慰時都能看見，不過男同學們也表示，雖然知道它的樣子，但如果把它視為生殖與快感的通道時，感覺又有點不一樣。

觀察性器時所產生的感覺非常重要，像是覺得好看或感到噁心，這大都反映著一個人對性的價值觀。一般而言，較保守或對性有負面想法的人，較容易對性器官有負面觀感，像是覺得「很噁心」、「長得很奇怪」。反之，較開放或對性抱持較正面想法的人，則會有較正面的描述，像是「很漂亮」、「很神奇」等。

之所以需要觀察性器官，有以下兩個重要的理由：

第一，要了解自己身體的全部。就性生理層面而言，清潔並適當的照護是必要的。如果平時就很了解性器官的長相、顏色與分泌物，在出現異常時，例如像長出小疹子或分泌物有異味等，就能立即處理並尋求醫療協助。

最近常聽到韓國人稱呼自己的性器官為「珍寶」，但其實我們全身都很珍貴，單獨稱呼性器官為珍寶，反而聽起來有點好笑。感覺太獨特了（也可能因為認為是禁忌的部位），反而看不得、摸不得，甚至有種畏懼的感覺。

這樣恐懼的心態反而不利於衛生管理。我曾聽過女同學說，她不願意用手碰到自己的性器官，因此洗澡時都只是沖一沖，但是這樣其實很難徹底清潔乾淨。

男女性的性器官都有很多皺褶，且維持著一定的溼潤，再加上尿液及內衣褲上的灰塵，很容易會有一些淺黃色的「包皮垢」。如果大家用鏡子觀察，就會發現雖然外表看起來很乾淨，但皺褶間都會夾帶著一些汙垢。

第二，則是心理上的原因。藉由觀察性器官並清潔、保養，自然而然也能接受它是我們身體的一部分，而這樣的心態轉變對女性而言尤為重要。

我們雖然常強調「性自主權」，也就是對自己的身體與意願的權力，但很多女性卻難以主張，甚至將這樣的權力轉讓給自己的男朋友。

因此，我鼓勵女性多看、多觀察自己的私密部位，並藉由接受自己的身體，根植性自主權意識，進一步能主導性行為的時機、情況、方式與避孕。

以下是男女性觀察性器官時，各自需要注意的事：

一、女性

＊用眼睛觀察並以乾淨的手撫觸，確認是否新長出小疙瘩、皮膚贅疣（像乳頭模

性自主權

性自主權，是以自己想要的方式來表達自己的身體與心意並行動的權利。

在韓國，性自主權的解釋主要偏向性行為以及性器官中心，也就是針對當事者何時想與誰發生性行為的決定權。

但廣義來說，包含要染什麼顏色的頭髮、髮型要長或短、要穿幾個耳洞、要不要紋身……對身心的表達與詮釋方式都包含在內。

細部還包含要不要發生性行為、以什麼樣的方式進行，以及避孕的方式等。總而言之，性自主權其實包含整個私人（private）領域。

樣細長的小疣）、水泡、丘疹等。

＊查看膚色變化。

＊查看分泌物顏色是否比平常黃或是非淡黃色。此外，味道、濃度都要確認。

二、男性

＊查看龜頭的皮膚與皺褶是否乾淨。

＊確認生殖器尾端是否有黃色或淡黃色的異常分泌物。

＊小便時是否有灼熱感或疼痛感。
＊查看生殖器是否腫起或有無散發異味的丘疹、水泡與疣。
＊確認生殖器摸起來是否有不會疼痛的硬塊。

性器官的清潔

關於清潔方式，男、女性以乾淨、微溫的水用手清洗即可，不需要使用肥皂。如果擔心生理期時會有異味，可使用無色無香的純肥皂清洗，但要記得一天不必清洗很多次。要是像強迫症般經常清潔私密處，反而會讓皮膚變得乾燥。若早上有淋浴的習慣，就早上和晚上清潔，一天兩次就夠了。

也不需要使用特定的清潔用品，尤其要注意清洗陰道內部會破壞它的自我清潔作用，反而容易引發陰道感染問題，因此絕對不要這樣做。

所謂陰道的自我清潔作用是維持其酸性的環境，使其維持陰道內益菌與害菌的平衡。此外，女性的陰道與肛門距離較近，因此擦拭的時候一定要由前向後，也就是由

陰道向肛門方向，而肛門部分可以使用肥皂。

男性如果沒有做過包皮環切術，清洗時則要注意將表皮稍微往後推，將龜頭與裡面都清洗乾淨。若經常罹患龜頭包皮炎，可以使用淡鹽水清洗表皮內部來維持清潔。若覺得清潔很麻煩，也可以選擇進行割包皮手術。

觀察性器官並好好保養，與認識並珍視「自我」的存在息息相關。了解並好好照顧身體，就能產生自信並珍惜自己。而這樣的「自尊自重」就能成為善待自己的心靈基礎。

男性性器官，多大才正常？

在二〇二一年於芬蘭舉行的世界性健康學會（World Association for Sexual Health）中，性教育者奧斯莫．孔圖拉（Osmo Kontula）博士發表了〈少年的性教育〉，強調「對於青少年關注的性器官大小與功能問題，最重要的是應該提供具體的資訊」。

但何止是青少年呢？不論東方與西方、不論什麼年齡，男性們應該都對性器官的大小與功能相當關注吧！只要我在 YouTube 頻道上傳跟「性器官」相關的影片，瀏覽數與留言都超級踴躍，從這點就不難看出大家的關心。

不久前，我上傳了一部關於性器官大小的影片，內容提到「勃起後達五公分且沒有機能上的問題就不必擔心」。結果收到一堆義憤填膺的留言，像是「這說的是人話嗎？」、「如果是妳，妳會滿足嗎？」、「我不需要被安慰」等。

但是就性科學與醫學的角度來看，的確是這樣沒錯。

那麼男性們到底為什麼對性器官大小這麼的在意呢？大概是因為男性不同於女性，性器官是外顯的，就容易相互比較，再加上從遠古時期開始，很多地方都堅信性器官的大小等同於性能力。

在龐貝的壁畫上，有男性將自己碩大的性器官放在秤上的畫面，可以說是以前「強而有力的男子漢（性器官）就是要大」思想的力證；中世紀時，男性以陰莖保護袋的名義，在緊身褲中放入布兜袋來強調陰莖大小，直到現在亞馬遜的某個部族，還是以陰莖保護袋的名義在性器官外套上巨大的木筒，藉以展現自己的雄性特徵。

男性的性器官（此指陰莖）依人種而不同，大致上大小順序是黑種人、白種人、黃種人，而硬度的順序則是黑種人、黃種人、白種人。

當然會有個人差異，此外與身高、體重無關。不過肥胖的人因性器官陷在肚子裡，看起來會比較小，也才會有一說是「如果想要陰莖看起來大，首先要減肚子」。

在動物世界中，陰莖的差異也很有趣。像是大象、馬或鯨魚等體積較龐大的動物，性器官當然也大，但是在猿類中，體型最小的黑猩猩性器官算是最大的，而塊頭最大的大猩猩則是最小。

據說大猩猩勃起時也才三到五公分左右，不過從進化心理學的角度來看，性器官的大小與需不需要為了獲得伴侶而競爭有關，這也就是「陰莖競爭說」。

該理論表示，在競爭者眾多的情況，雄性的陰莖要長，才能證明自己能將更多精子放入雌性體內，是基於有利生殖的角度來解釋。因此，比起大猩猩，反而是濫交的黑猩猩需要比較長的性器。而跟身高相比，人類的陰莖長度算是長的，不知道是不是因為遠古時期也會濫交的緣故呢？

但事實上，論男性的精力，睪丸的大小比陰莖長短更具意義。

睪丸裡有製造男性荷爾蒙，也就是睪固酮的細胞以及製造精子的細胞，巨大的睪丸可以生成更多的精子，提升生殖成功率。在分泌男性荷爾蒙上，體積大的睪丸也比小的更有用。基於相同的理由，所以黑猩猩的睪丸算是相當大的。

在對性器官的眾多爭論中，還有一個經常受到討論，那就是「長度跟粗細哪個重要」。不過就身為使用者的女性來說，其實感到滿足與興奮的點是因人而異的。

我在二〇〇六年時，受邀擔任濟州島「健康與性博物館」的企劃館長，根據在規畫展品時所做的調查，當時金氏世界紀錄所記載最長的陰莖為五十三公分。

或許到現在，這個紀錄都沒有被打破吧！但其實這麼長的陰莖，在現實生活中根本連性行為都很困難。不只是女性的陰道沒有那麼深，就男性的角度來看，要調整勃起的角度也很困難，我相信對男女雙方來說，滿足感都會很低。

韓國男性的平均陰莖長度平時是七．四公分，勃起時則是十二．七公分，而韓國女性的陰道深度平均為八到十四公分，其實是非常適合韓國男性的性器官長度，根本不需要特別擔心。

此外男性自己看的視角，是由上往下，在視覺上只會看到大約七〇％，而旁人的陰莖之所以看起來比較長，是因為從側邊看的緣故。

事實上，真正在做愛的時候，女性在意的是這個陰莖的主人是誰，至於長度不足的部分，完全可以用愛與技巧來補足。

幾年前，有一組紀錄片攝影團隊從美國來找我，他們想了解「女性對男性性器官大小的想法」而跑遍全世界。起因是主角派屈克向女友求婚，卻因性器官太小而被拒絕。她說：「我很愛你，但也沒辦法放棄性愛的快樂。」

這讓派屈克受到很大的衝擊，然後他仔細回想，發現過往的戀愛都很短暫，他想知道分手的理由是不是都和性器官太小有關。於是派屈克找了他的導演朋友，朋友覺得這個主題很有意思，所以聯絡了製作團隊，開始打算要拍成紀錄片[3]。派屈克很好奇韓國女性的想法，所以直接來到我的課堂和學生對話。

科學家們好像也對這個問題相當感興趣。英國雪菲爾大學凱文・懷利（Kevan Wylie）教授以男女各五萬名為研究對象，進行陰莖長度與滿足度的調查研究。

然而，八五%的女性表示對現任伴侶的陰莖長度感到滿足，而教授的研究結果也顯示出比起陰莖的長度，硬度更重要。前戲或勃起後的持久度，以及多樣化的體位都能讓女性達到高潮。

還有許多相似的研究報告都指出，陰莖長雖然有助於達到陰道高潮，尤其是喜歡刺激子宮頸部的女性，但如果是享受陰道被充滿的女性，則會偏好較粗的陰莖。

不過，其實女性感受到高潮的途徑很多樣，大致上來說，女性的性器官，也就是陰道前三分之一的部分布滿很多神經，因此也有許多人高潮與否和陰莖長度無關。此

外，對方是不是固定性伴侶也有影響，若是短期的伴侶則有喜歡大的傾向，但如果是長期的伴侶，則無關性器官大小，反而是有多愛來得更重要。

在插入時感受到的高潮，其實也與性器官大小沒有太密切的關聯。尤其是陰莖其實在勃起後大小並不會差太多，因此實在不需要因為自己的性器短小就過度擔心。

事實上，根據美國加州大學洛杉磯分校妮可．普勞斯（Nicole Prause）教授的研究結果指出，雖然女性喜歡的性器官大小約是比平均再長一公分左右，但只要對象是自己的男友，都會傾向選擇更小的尺寸。

不是說女性不重視感覺，只是女性和熟悉的人做愛更容易達到高潮，也更在乎心理上的安定感。因此，性愛的滿足度並不是取決於性器官大小，而是跟所愛的人坦誠溝通想要什麼樣的性愛，透過溫柔多情且熱烈的愛撫與喜歡的體位來達成。

3 編按：此為紀錄片 *UnHung Hero*（暫無中文譯名），由布萊恩．斯皮茨（Brian Spitz）執導，派屈克．穆特（Patrick Moote）主演。該片於二〇一三年在西南偏南電影節首映。

07 性器官的誤會與偏見

女性的外陰部可分成大陰唇、小陰唇、被稱為陰蒂的陰核，以及尿道口與陰道口。大陰唇是指外陰部隆起的部分。女性年輕時，因女性荷爾蒙分泌旺盛，會呈現澎潤狀，在停經之後則會漸漸變扁塌，這也與雌激素的作用有關。

小陰唇的模樣、長度與厚度均因人而異。在A片中常見到很短的小陰唇，是因為A片本身就是會赤裸裸的將女性性器官呈現出來，因此很多女優都做了小陰唇整形手術，甚至還會幫它上妝，讓它看起來呈粉紅色。但事實上，不論男女，性器官顏色都會隨著年紀而逐漸變深，這是自然現象。

女性的陰道是極富彈性的組織，生小孩時可以擴充到足以讓嬰兒出來的大小，但不久後又會慢慢收縮回到原來的樣子。

因此陰道可以說是一個極具彈性、像通風口般的通道。它能容納的體積不是固定的，不論什麼樣尺寸的陰莖都能容納，而後藉由收縮回復成原本的樣子，但即便如此，陰道的組織也像其他肌膚一樣會老化，會隨年紀而慢慢變鬆弛。

如果覺得陰道鬆弛，當然也可以接受陰道緊實手術。不過即使利用手術使陰道收縮，隨著時間，之後還是會再度變得鬆弛。因此比起手術，更推薦大家可以經常做凱格爾運動[4]，不僅能幫助維持陰道的彈性，還有預防尿失禁的效果。

曾被稱為處女膜的陰道前膜

「我好像在小時候運動時，處女膜就破了的樣子。不久之後要跟男友發生關係，雖然我還沒有經驗，但真的沒有流血也沒關係吧？雖然最近大家都說不在意這個，但我還是有點介意。」

4 編按：又稱為「骨盆底肌肉收縮運動」，是一種加強尿道及陰道周圍骨盆底肌肉的訓練。

「之前我使用過自慰棒，可能是因為這樣，所以引發了陰道炎和處女膜損傷。因為實在太擔心了，就搜尋了一下跟處女膜損傷的相關資訊，大家都說如果很在意，就去做手術。處女膜損傷，真的很不好吧？」

不知道大家是否聽過「處女情節」？就是認為女性在第一次性行為時，應該要流血才是純潔的象徵。我光是想到聽過無數女性委屈的事由，就忍不住嘆氣。前不久我在找資料時，突然想到「現在年輕人對性有什麼好奇的呢？」於是進入一個網站的問答區看看。這才發現，我的天啊！都已經二十一世紀了，竟然還有那麼多關於處女膜的提問。

這個被稱為處女膜的部位，其實是個沒有完全擋住陰道入口、像皺褶般的組織。一般而言，這個構造會在第一次插入的性行為時破裂，因此才被認為沒有經驗的女性都有「處女膜」，然而最近因為名稱容易導致錯誤認知，改稱為陰道前膜[5]。

雖然其名稱是膜，但實際上很難說是一層「膜」，且這個前膜的模樣與厚度也因人而異。若組織較厚且彈性好的情況，可能在多次插入式性行為後才會有輕微出血。

反過來說，如果組織薄且脆弱，像是踢腿、一字馬或騎腳踏車等運動，都有可能輕易的讓處女膜破裂。事實上，就算是經由插入式性行為導致的破裂，也有五〇％的情況是血根本不會流出體外而被看見的。

過去，西方社會也曾以處女膜為純潔的表徵。婚禮隔天，新郎會拿著沾血的絲布在窗臺邊揮舞。新娘的媽媽也會因擔心新娘初夜沒有流血，而偷偷準備小小的血袋。

處女情節真的是讓很多女性焦慮的惡習。在古老的家長制中，為了確保自己的財產能夠傳給親生子女，妻子必須沒有性經驗，才能確認孩子是自己親生的，處女情節也在這樣的文化風俗中不斷被強化。

剛剛提到的第一個問題，這位女性提到自己因運動導致處女膜破損，所以很擔心和男朋友的第一次性關係。

難道第一次做愛後沒有流血，就會發生什麼事情嗎？性關係只是愛情的體現而

5 編按：二〇二二年，韓國《標準國語大辭典》等辭典修改了有關處女膜的內容。而在臺灣，現在《重編國語辭典修訂本》對處女膜的解釋為：「醫學上稱為『陰道前膜』，也稱為『陰道瓣』、『陰道冠』。」

已。而且，自己純潔與否，自己才最清楚，不是嗎？難道純潔是靠有沒有插入判斷的嗎？如果沒有插入，但已經做過口交、激烈的全身愛撫或是其他非插入式性行為，這樣是純潔嗎？身體的純潔與心靈的純潔不同嗎？

我覺得純潔不應該只靠處女膜來判斷，而是取決於心，也就是完全愛著對方的心。純潔不應該被一次的行為所毀滅，所以跟一個人的性關係應該每次都是純潔的。因為性行為都是我們懷著純情的心向對方靠近的表示，這才是純潔的性愛。

而第二個問題問及了處女膜手術。幾年前，其實還有很多關於處女膜復原手術的諮商，最近大家對性抱持比較開放的態度，因此詢問度不若以往。但是看到網路上還有這樣的提問，我真的覺得很鬱悶。

性價值觀其實大都是從家庭習得的，在保守的家庭長大，也會不知不覺擁有保守的價值觀。最近反而蠻多男性覺得跟零經驗的女性交往，其實更有壓力。

雖然對方經驗太多，免不了會被比較，這也不是令人愉快的事情，但如果另一半對性愛一竅不通，就要從頭開始教，因此覺得壓力很大。

對於第一次性經驗來說，真正該擔心的是，現在這一瞬間能否保護自己不得性病或是懷孕，還有自己究竟想不想要現在就發生關係。

陰核（陰蒂）的祕密

若男性的性器官中，最敏感的是龜頭，那麼女性就是陰核（陰蒂）。龜頭上有四千多個神經末梢，是對性的反應最敏感的部位，而陰核比龜頭對刺激更敏銳，同時也是產生快感的部位。

男性的龜頭和女性的陰核是同源器官，其演化起源相同，不過不同的是，男性的陰莖除了排出精液，還能排放尿液，但陰核好像只保留了產生快感這個功能，在身體機能對照上，這是唯一不相符的地方。

陰核是位在女性小陰唇向上會合處前端，一個小小圓圓的突起。從陰核到根部約有二．六公分大小，興奮時會充血。

女性的陰核上分布的神經末梢高達男性龜頭上的兩倍，因此如果經歷太長且太強的刺激，在快感過後會感覺疼痛。

陰核可見部分雖然跟一顆紅豆差不多大小，但延伸到身體裡的兩個海綿體構造，在興奮時會充血勃起而脹大，根據報告指出勃起時約是男性陰莖未勃起時的大小。

陰核的大小與它的快感不成正比。對女性來說，陰核與胸部都是第一級性感帶，但陰核帶來的快感比胸部更大。很多女性在自慰時會刺激陰核，就算無法體驗插入性交，女性也能藉由愛撫陰核來得到高潮。

心理學家佛洛伊德（Sigmund Freud）將沒有性經驗的少女所感受到的陰核高潮稱為「不成熟的高潮」，主張藉由插入式性行為所獲得的才是成熟的高潮。

但其實這是錯的，女性的全身都能喚起高潮，甚至撫摸頭髮或光靠想像都可以，因此「當陰核先達到高潮時，所有的高潮都會被極大化」，這句話一點也不為過。

根據相關研究報告指出，所有女性在愛撫陰核時都能感受到強烈的快感，而在藉由刺激陰核達到快感的情況，即使男性插入不到幾秒，超過百分之九十以上的女性均表示達到高潮。

也有學者指出，男性們最關注的G點高潮，其實是女性陰核根部的一部分。不管怎麼說，陰核可以說是女性感受快感的寶庫，也是高潮的導火線無誤。

小陰脣整形手術

只要性器官沒有嚴重機能障礙，盡可能還是不要動手術比較好。尤其很多人為了讓小陰脣變小，進行了小陰脣手術來切除周邊部位，但就性醫學專家的意見來看，小陰脣周邊有很多敏感的神經，切除後可能會失去對性的敏銳度。

先前，我曾經從一位婦產科醫生那邊聽到一個案例。

當時有位年輕女子前來諮商，當她一說：「我是因為小陰脣手術……」時，這位醫生就打斷她：「我們診所不做小陰脣手術。」並打算結束商談。

結果沒想到，她立刻解釋道：「不是的，我已經做了。我是想問，我去澡堂或游泳池時，總覺得水好像會灌進去裡面，而且也常得陰道炎，穿緊身褲的時候也覺得很不舒服。該怎麼辦呢？」但是已經被切除的小陰脣是無法補救的，因此醫師覺得很無奈，囑咐我在進行性教育時，一定要告知學生這個事實。

因為女性的性器官是不外露的，無法輕易和別人比較，也無法獲得正確且充分的知識。我也不是不能理解女性擔憂自己的性器官是否正常，或模樣是否好看等內心不安的情況，但大家一定要了解，就像這世界上每個人長相都不同，身體也長得不一樣，有些部位就是要不一樣才正常，都各自有其存在的理由。

只要沒有機能上的問題，就不要輕率動刀才是正確之舉。

08

女性的性感帶

當我說胸部是女性的另一個性器官時，相信有很多人會很驚訝。但不論是就生殖或快樂這兩個面向而言，胸部都是非常重要的。雖然不知道會不會有人覺得難以接受，但是女性的胸部不僅是撫育孩子最重要的器官，同時也是卓越的性感帶。

在青春期時，第二性徵會相繼出現，而在這個階段，受女性荷爾蒙及月經週期的影響，胸部也會隨之發育。

胸部大部分都是脂肪組織，因此變胖時胸部會跟著變大，變瘦也會縮水。雖然說有些很纖細的人也會有很豐滿的胸部，但幾乎很少。胸部的大小與形狀也跟人一樣千變萬化，有大而渾圓的、水滴型的，也有像大碗蓋上去一樣的碗公型。

雖然也有人會擔心胸部太小，之後哺餵母乳會不夠，但其實胸部大小與奶水多寡無關，所以不需要太擔心。不過乳頭凹陷可能會影響哺餵母乳，這時只要請丈夫幫忙吸出來，或是適當保養即可。

胸部的形狀深受遺傳影響，且幾乎沒有左右完美對稱的胸部，大都是左胸大於右胸。乳頭顏色也會隨著人種不同而異，一般而言會與膚色相關。如果膚色白皙則乳頭顏色較淺，膚色較黑則乳頭顏色也較深。

乳頭的大小也是一樣。就醫學上的看法，乳頭大小與顏色和性經驗的有無、次數無關。當然，懷孕期間，胸部和乳頭都會變大，乳頭的顏色也會變深。

性感取決於乳暈大小而非乳頭

性感取決於乳暈的大小，而非乳頭。

胸部的發育從青春期開始到二十一歲左右，之後也會受到女性荷爾蒙，即雌激素的影響而在懷孕或是月經前變大，以及如前述，體重增加時胸部也會變大。

就像男性興奮時，性器官會充血，女性也一樣，性器官會因為充血而變大。女性在感受到性的興奮時，乳頭會變硬且挺立起來，刺激乳頭時會分泌稱為催產素的荷爾蒙，這個荷爾蒙也與高潮相關。

因此很多女性表示，愛撫乳頭更容易達到高潮，並能感受到強烈的高潮，這是因為這個稱為催產素的女性荷爾蒙，促使子宮收縮而造成的影響。

不要讓手術毀了美麗的胸部

男性對陰莖大小相當敏感，而女性，就是相當在意胸部的大小與形狀。

不知道是不是因為女性私密處平常不易見也難以比較，胸部卻是相對外顯的，因此相當在意。而事實上不只是女性，連男性也對女性胸部十分關注。

女性的胸部是男性嚮往的部位。雖說也可能是因為孩子都曾被母親抱在懷中、親餵母奶而產生的依附關係，但就審美上來說，胸部的確是個非常美麗的器官，而且對性的反應相當敏感。

大部分的女性在伴侶愛撫胸部時，都會感受到強烈的快感，尤其是愛撫乳頭能引發強烈的高潮感受。

隨著時代的轉變，我想可能再也沒有像胸部一樣得到諸多差別待遇的部位了吧！現代女性中，有些人恨不得將胸部壓扁或是縮小，但也有些人是想盡辦法的強調它，而現在還能以整形的方式來改變大小和形狀。

最早開始進行胸部整形手術的人是一位德國醫生，叫做文森．徹爾尼（Vincenz Czerny），在一九八五年時將一位歌手的臀部脂肪移植到胸部中。

最近，胸部整形則是在胸部中放入矽膠或鹽水袋等填充物，但就身體的立場而言，這些填充物都是外來物質，因此需要不斷照護。此外，隨著年紀增長，若胸部大小與形狀改變，則需進行二次手術。

進行胸部整形手術後，需要按摩胸部以免其變硬。即使是注入自體脂肪也有可能會引起發炎、囊腫或組織鈣化等風險。

若有懷孕的計畫，建議不要使用腹部脂肪進行胸部手術，以免在懷孕後出現問題；如果是使用矽膠或是鹽水袋這類的填充物，最好要定期做核磁共振（ＭＲＩ）檢查，因為不確定填充物是否破裂。

同時因填充物會妨礙顯影，故要有心理準備，在進行乳癌檢查時會比較困難。

二〇二二年七月，美國一名整形醫師為一位三十五年前進行乳房整形的患者取出填充物後，將照片分享在個人社交媒體上而引發眾議。他也表示：「填充物最好不要放在身體裡超過十年，並應該定期接受MRI檢查。」

此外，胸部整形手術還可能會引發暫時或永久性的乳頭敏感度喪失，甚至往後哺乳困難等，這些也是大家不能輕忽的。

乳癌自我診斷

近二十年來，韓國的乳癌患者增加了四倍以上[6]，尤其是未滿五十歲的「年輕乳癌」發病率很高。大家應接受全民健康檢查，並經常進行自我診斷來預防乳癌，以下

6 編按：根據我國衛福部資料統計，近二十年臺灣乳癌患者亦增加了近四倍。此外，根據衛福部一一二年國人死因統計資料，每十萬人中有二十五．二名女性死於乳癌，是女性癌症死亡率第二名。

為自我診斷方法：

＊在每個月生理期結束後三天胸部較柔軟時，以三根手指在胸部兩側畫圓，確認是否有硬塊。在乳癌預防上發現硬塊比感到疼痛更重要。

＊導致乳癌的原因，九五％都是後天的，像是是否生育、第一次生育年紀、是否餵母乳、壓力、停經後補充女性荷爾蒙的方法、肥胖、是否暴露在輻射與化學物質環境中、攝取酒精等都會影響。

尤其是西化的飲食習慣，以及偏好高脂肪食物等，都會提高乳癌好發風險，因此需要特別注意飲食管控。

09 愛撫，啟動身、心的引擎

輕撫、抱著肩膀以及環抱腰部、讓身體緊密貼合在一起，從對方背後靠近，抱住並撫摸臉頰、親吻等身體接觸，都是能表達並確認彼此愛意的重要溝通方法。

萬一戀人間的肢體接觸變少，自然而然關係就會慢慢變淡，也會開始習慣性的迴避對方的碰觸，也不想碰到對方。因此，肢體接觸變少絕對是關係亮紅燈的信號，千萬不可輕忽。

之前我曾經問過一位戀愛經驗與性伴侶都相當豐富的人：「要怎麼知道愛情消逝了？」而他回答：「如果性愛次數減少，也不會想觸碰對方，就是不愛了。」

因此，可以說肢體接觸銳減就是愛情消失的徵兆。所以韓國有一句話是：「身體離得遠，心也跟著遠；心遠了，身體也會離開。」確實是至理名言啊！

戀人不再有身體接觸的原因很多樣。首先，可能因兩人太親近了，開始有種不像戀人，更像朋友或家人的感覺。或是之前拒絕過對方的親密要求（也可能是被拒絕），之後想親近時感到尷尬，乾脆放棄，結果就一直沒有親密關係。

也有的人是因為工作太累或隔天有重要行程，怕對方在親密的肢體接觸後，會要求要做愛，因此拒絕對方，或當下躲避離開。但當這樣的拒絕變頻繁時，對方就不會再試圖進行身體的接觸。

雖說言語的拒絕也很容易使人感到受傷，但對性愛、愛撫與親吻的拒絕如果不夠委婉，對方可能會受到極大的傷害，就像被否定了自我存在一樣。

之前有一對年輕的夫妻，妻子有一次嚴厲的拒絕了丈夫的親密要求，丈夫覺得自尊心受損，從此不再對妻子提出做愛需求，兩人分歧越演越烈，最終以離婚收場。

想要提升戀人間的親密感，沒有比充滿愛意的肢體接觸更有效的了。身體越是親密接觸，彼此的心理距離也會拉近，身體的距離也會再跟著變更近。

想要讓親密接觸變得自然，最簡單的方法是先以溫暖的手輕撫對方的手。因為手並不是露骨的部位，能降低戒心，習慣了這樣的接觸後，下一次要進行更深入一點的接觸就會變得容易。

用手指輕柔的撫摸對方的手，在心中想著「你對我來說真的很珍貴」、「我真的很愛你」，你就會發現心的溫度，竟能神奇的傳達到指尖。撫摸著對方的手，或緊握、揉捏，或十指交握，細細撫摸對方的每一根手指。

這種時候，在安靜的氛圍中靜靜傳達心意最好，不需要說什麼話，放慢撫摸手的速度效果更好，對方也更能集中。像這樣小小卻多情又充滿性暗示的肢體接觸，就像按下打開對方身心的按鍵一般。

而實際上也有抗拒身體接觸的人，在嘗試過這樣的手部愛撫後表示：「我第一次知道還能用手體會到這樣美妙的性愛感受。」而且之後對於身體接觸的抗拒也減輕，也能自然的接受親密接觸。

與戀人一起手牽著手或挽手散步、以手臂來環抱對方肩膀、親吻、溫柔的撫摸臉龐與臉頰等，就像一把能幫你開啟你與戀人身體與心靈的鑰匙。

既一樣又不同

「和男友一起過馬路時，迎面走來一個女生，穿著露出深深乳溝的低胸服裝，當她經過我們身邊時，我彷彿都能聽到男友眼球轉動的聲音，他的視線根本離不開那個女生的胸部。」

男性對視覺敏感，光是用看的就能接受到性的刺激。像上述情形，比較正確的說法是該男友接受到性刺激，而非男友對那個穿著暴露的女生產生性慾。

而和男性相比，女性較難光靠視覺刺激產生性的興奮感，更需要靠嗅覺、聽覺與觸覺等綜合刺激。因為男女對性的反應雖然基礎上相同，但呈現出的樣貌卻又大大不同，要相互配合達到雙方的滿足並不容易。

不論男女，在性興奮時，都會出現血液湧到一處的充血現象。

這個充血現象會引發勃起反應，男性陰莖會變硬且呈僵直狀，女性則是伴隨乳頭與陰蒂的勃起，產生溼潤反應。因此，如果女性充分興奮，陰道會分泌具潤滑效果的陰道分泌液，可以使女性溫柔且不疼痛的接受插入，與另一半和諧運動。

荷爾蒙決定兩性的性生理

男女性心理有所差異，而正因為性心理不同，要達到靈肉合一的性愛是很難的。約翰・格雷（John Gray）博士一九九二年的著作《男人來自火星，女人來自金星》（*Men Are from Mars, Women Are from Venus*）直至今日依然穩居暢銷書寶座，就說明了這一切。男女如果能夠了解彼此的身體與心理，人生應該會更甜蜜吧！

性荷爾蒙不只影響男女的性生理，也影響了性心理，最具代表性的就是睪固酮和雌激素。雖然大家可能難以置信，覺得荷爾蒙會影響生理也就算了，竟然還會影響心理？但我們的心理狀態與情緒，的確飽受荷爾蒙的影響而隨之變化。

就像青春期時，我們因性荷爾蒙分泌旺盛之故，會經歷快樂、憂鬱與生氣等多樣的情緒，之後即將到來的停經與更年期，也會因荷爾蒙而有劇烈的情緒起伏。

引發性慾的「睪固酮」，是男性荷爾蒙的代表。這個荷爾蒙與男性的睪丸或前列腺等生殖器官的發達有關，也與肌肉、骨骼的生長有關，甚至能激發性慾、競爭、攻擊性與成就感等。

不只是男性，女性也有引發性慾的荷爾蒙，只不過男性荷爾蒙分泌量平均高達女性的七到八倍，多的時候甚至能超過二十倍。

此外，除了男性身為主導性愛的雄性之生理需求外，社會文化一直以來都對男性的性衝動表現得相當寬容，因此對男性來說，是否能產生性慾，一直以來都是人們關注的焦點。

不過這個男性荷爾蒙在超過三十歲之後，平均每年會下降百分之一到三。此外，就算不是因為老化的關係，只要睪固酮數值下降，不只不會產生「性趣」，還會對任何事都提不起勁，無精打采且煩躁。如果男性發覺自己對性提不起「性致」，日常生活也缺乏活力，不妨先確認一下自己的睪固酮數值。

萬一荷爾蒙數值過低，則需要與醫生商量補充男性荷爾蒙的方法，而除了身體上的原因，像是壓力過大、睡眠不足，或是出現其他比性愛更吸引人的事情等，也都會使性慾下降。

男性想要做愛就會勃起，身體已經呈現準備好的狀態，但女性從這個時候才開始要進入狀況。如果想讓女性充分興奮，剛開始需要很大的耐心，透過足夠的愛撫讓女性達到興奮狀態。

一般而言，男女興奮的時間差約是二十分鐘，而彼此間的經驗越多，時間也隨之縮短。尤其是如果上一次性愛很完美，期待值會被拉滿，即使愛撫的時間不長，女性也能很快達到充分興奮，所以女性一定要把自己的要求與狀態告訴伴侶。

女性如果想要達到高潮，也需要自己多努力。除了接受對方的愛撫與刺激，女性也需要努力集中在性愛上，試著去感受快感。

如果說衣服是男性幫妳脫、愛撫也是他做，對方要為了讓妳興奮做這麼多的事（相反的情況亦是），難免會漸漸失去興趣，變得像例行公事一般。

做愛誰更舒服？

「女性的性慾比男性低嗎？」

「我女友好像不太喜歡做愛，但明明是女性比較舒服……沒錯啊，女性等於是在接受男性的服務嘛！」

其實，女性當然也想像男性一樣享受美妙的性愛。熱情的、乾柴烈火的、甜蜜的！如果做愛真的能給人這麼幸福的感覺，當然沒有理由拒絕。不過，如果在沒避孕的情況下做愛，相信不只不會感到如此美妙，甚至會充滿不安和恐懼。

男性們其實不太知道，女性要和自己以相同的速度感到興奮並達到高潮絕非易事，但令人遺憾的是，男女對性的反應速度的確不同。

所以，如果男性想要讓自己所愛之人感到滿足，就需要下一些功夫。像是多情的低語、細緻溫柔卻又強力的愛撫等都是必須。這不是因為女性的性能力或反應比男性遲鈍或低下，而是因為生殖生理。

女性的生殖生理是根據性愛帶來的責任與補償而發展起來的，一次性愛的代價可能必須付出九個半月懷孕的時間，以及冒著生命危險生下嬰兒。

在自己都還不夠成熟的狀態下，還要貼身照顧孩子，緊接著是一段很長的育兒時光。就這個層面來說，性愛對女性來說，絕對不是輕鬆隨意的事情。

所以女性從決定做愛開始，不僅需要滿足身體的感覺，還需要同時滿足心理與情緒，也因此女性不得不往「慎重看待性愛」方向進化。

但其實男性與女性在生理上對性的反應並沒有太大的差異，眾所皆知女性的興奮反而還來得更持久且更多采多姿。

所以再次強調，女性分泌陰道分泌液只是開始興奮的信號，且陰道分泌液不會像男性射精一樣，一下子就「噴湧」出來，而是陰道黏膜會像流汗一樣慢慢將其釋出。所以，如果接受到很棒的刺激，潤滑液就會持續分泌。

但是一邊要愛撫，同時還要在耳邊低語並同時插入，對男性來說並不容易。此外，如果一起做愛的經驗變多，熟悉彼此的性感帶和反應，愛撫等前戲反而會變得不如剛戀愛時認真。

那麼，男女做愛時，到底是哪一方更享受呢？每次提出這個問題，從回答「女性！」、「男性！」、「都很舒服！」到「掏耳朵時，難道棉花棒會舒服嗎？」這樣搞笑的回答都有。

希臘神話中的宙斯和赫拉也因「做愛時誰得到更多快樂？」而爭吵。赫拉不肯認輸，叫來曾經分別以男性與女性生活過的特伊西亞斯，詢問他做愛到底誰更舒服。特伊西亞斯回答：「當我作為女性時，快感約是九倍。」宙斯一邊高興自己是對的，內心又偷偷羨慕女性。

根據許多的研究與訪談都顯示，女性更能充分享受性愛帶來的快感。相較於其他物種，人類女性對生殖和育兒需要付出更多的責任，因此才用巨大的快感和安慰來誘惑女性，使其願意做愛。可能既是一種天理，也是一種補償吧！

如果把話說得粗糙一點，男人做愛的目標是滿足女人。當然性愛並不是單方面提供的服務或勞役，最終還是要讓自己也滿足，但基本上，男人在做愛時，為了讓對方達到極致可以付出性命。

並不是說男性是利他主義者，這是因為男性普遍抱持著，性能力是證明自己「男子氣概」的錯誤迷思。另一方面，可能是因為保全遺傳因子的生殖行為，必須仰賴女性的緣故。

對男人來說，是否由自己主導性愛、帶給女人多大的快樂與快感，並且讓女人認可其力量和能力，都是非常重要的。因此，**男人在做愛時大都是睜著眼睛的**。

尤其是當自己的戀人先前和其他男人都無法達到高潮，但每次和自己做愛都攀上頂峰，就會有種自豪感。反之，如果戀人好像之前和別人有過高潮的經驗，和自己卻無法達到，不僅會失望還會失去自信心，更嚴重甚至會導致性功能障礙。

男性們認為讓女性高潮就是最滿足的性體驗，並從中獲得自信與成就感，因此總喜歡在性愛結束後問對方「怎麼樣?喜歡嗎？」

但在問這個問題前，應該先想一下自己是否給了對方足夠的愛撫與愛的呢喃。如果有的話，即使不小心翼翼的問，相信女性也會大喊「喜歡！」

11 各自並一起描繪性感帶地圖

女性需要多重複合的刺激才易感到興奮，一旦刺激停止，興奮很快消失。不知道男性們聽到這句話，會不會覺得壓力很大？但換個角度想，女性的愉悅程度完全取決於對方的努力，是不是聽起來很棒呢？

女性也不要坐等男性愛撫，而是應該一起動起來，為彼此提供完美的性愛體驗。再次強調，美妙的性愛是雙方一起享受並提升歸屬感的情侶真正溝通方式。

一般而言女性的性感帶是指脖子、胸部、乳頭、陰蒂等，不過個人感受與喜好部位又因人而異。像是撫摸頭髮或愛撫腳趾、鎖骨，甚至光靠想像也能讓女性達到高潮。男性也一樣，性感帶大致是腹股溝、大腿內側或膝蓋後方、腰側等柔軟的部位。

這裡最值得驚喜的是，不論男女的性感帶都是會時時變化的，所以就跟「本日精

選濃湯」一樣不可預測，因此找出「今日的性感帶」是非常必須的。

雖然男性靠自己的力量就能勃起，但如果要維持興奮狀態，就需要兩人一起同心協力。像是男性愛撫時，女性可以發出呻吟聲來讓對方知道自己很滿足、興奮，這樣相互以肢體對話，有助於提升男性興奮的持久度。

因此，女性應該要積極參與性愛互動，而不是用棉被將自己從脖子以下全部跟包粽子一樣包裹起來。很多女性會覺得自己過瘦或是太胖，想遮住自己，但大部分的男性其實都喜歡，並且對自己戀人的身體感到滿足。讓男性興奮的，不是像模特兒一樣的身材，而是自己的伴侶興奮的模樣與滿足的姿態。

不論男女，想要提升對性的敏感度，都必須有積極的態度與充足的練習。雖然剛開始接受到性的刺激時，可能也很難分辨是喜歡還是癢，感覺會有點模糊，但是請試著認真感受一下。

兩個人之所以做愛，就是為了要表達愛意並共享喜悅，不是嗎？因此情侶們一定要讚美對方的身體，然後毫不保留的表達自己的喜悅之情。摸哪裡舒服、摸哪裡感到不自在，盡可能的以身體、表情與言語告訴對方，並也詢問對方。戀人像這樣溝通分享彼此的性感帶，性愛的品質就會與日俱增。

男性的睪丸相當敏感，愛撫時應該要溫柔，要特別注意若是太用力或是開玩笑似的打它，會讓對方感到椎心之痛。如果並不是非常排斥，也可以為彼此口交，來找到對方的性感帶。

對女生來說，口交比插入式性愛更溫和又刺激，對感受高潮更有效。當然，兩人都開心就可以了。不論男女，都有人覺得性器官很髒，不過只要好好清潔就可以了，其實性器官遠比我們的手或嘴巴來得乾淨。

在保守的環境下成長的女性，不僅不曾看過自己的性器官，甚至也不喜歡自己的身體。也有不少女性會在男性提出想幫她口交時，擔心「私密處有異味」而死命拒絕，但是如果身體的禁忌這麼多，性愛反而會相當受限且變得被動。

因此，即使妳是害羞的女性，也需要練習一點一點的放開。若是性經驗不足，就會不清楚自己哪裡敏感，或喜歡什麼樣的愛撫與觸摸，在對方愛撫不足時，內心就算覺得好像缺了點什麼，也無法正確表達自己的想法。

有些人比較自私，喜歡對方為他口交，卻拒絕幫對方做。但是做人要公平，想要

有所得也要付出，這樣才能加深彼此的愛意與信賴。

很多情侶彼此變熟悉後，就會放任關係自然發展。但是大家要記得，愛是與人有關的事，所以也是相當易變的。

愛情就像花圃，不細心照料就會荒蕪，而性愛中的愛撫就是愛的具體表現，同時也是愛的黏著劑，如果敷衍了事或每次都像應付例行公事一樣，自己對另一半也會不自覺的變冷淡。

性愛是讓雙方的愛火熱烈燃燒的最強力方法，因為再也沒有比性愛來得更能接近對方本質，並創造親密關係的方法了。

此外，各自的性經驗也會根據倫理、宗教等價值觀差異而有所不同，再加上每個人其實都是不同的存在，因此透過性經驗來取得性的相關資訊也相當有限。

如果真的很愛對方，但性生活總是不協調，就需要再多學習，尤其是要透過與對方的性關係來學習，不斷表達、確認與分享喜歡什麼樣的氣氛與愛撫的方式。不過其實，想要自然的談論關於性的話題，也只有平常就無話不談的情侶才能做到。

關於高潮，她想要什麼？

美國期刊《今日醫學新聞》（*Medical News Today*）刊載了一篇有趣的文章，標題是〈關於高潮：女性想要什麼？〉（*The female orgasm: What do women want?*），統計了女性在性愛中期盼的事項[7]。雖然是美國的統計資料，但結果與韓國大同小異。

一、**最想要的是插入式性愛**（六九．九％）

雖然這個結果，看起來好像推翻了先前提到女性喜歡愛撫勝過插入的說法，但是女性如果興奮，想要被插入也是理所當然的。

這個結果也反映出現代人在做愛時，比較不在意生育問題，覺得快樂更重要。此外，雖然很多女性光靠愛撫陰蒂就能高潮，但插入會得到更多快感，同時還能刺激子宮頸，也更能感受強烈的高潮。

二、更好的愛撫（六二・八%）

愛撫可以用嘴巴、手、性器，甚至還可以用聲音。可以時而粗暴、時而溫柔、時而甜蜜。女性和男性不同，難以光靠「脫光衣服」的視覺刺激感到興奮。

大家可能會覺得，讓女性興奮之所以重要，是因為性愛的目的本來就是「追求快樂」，但其實最重要的還是生理需求。在插入式性愛中，雄性為了插入需要維持陰莖堅硬，雌性的陰道則需要經潤滑作用，才能使雄性順利插入，因此愛撫才格外重要。

三、在做愛中親吻（四九・三%）

熱戀中的情侶會一邊熱烈親吻、一邊做愛，但是很多交往很久的情侶或夫妻在做

7 編按：文章引述印第安納大學布盧明頓校區的教授戴比・赫貝尼克（Debby Herbenick）及其同事發表的研究論文。研究對象為來自美國各地共一千零四十六名女性和九百七十五名男性參與者，以一份性行為問卷調查他們是否認為這些行為非常有吸引力、有些吸引力、沒有吸引力或一點也不吸引人。

愛時並不會親吻。尤其是韓國，不只是平常，連在性愛中也很少親吻。

但其實親吻是比插入式性愛更隱晦的感官性愛。張開嘴接受對方進來就是愛的邀請與確認，而經常在性愛中親吻的情侶也確實都能更熱情的維繫戀情。

四、在耳邊傾訴愛語（**四六・六％**）

前面曾提及可以利用聲音來愛撫，在耳邊傾訴愛意比生疏的愛撫來得更容易使女生興奮滿足。雖然男性也一樣，但女性在確認對方「有愛」時，愛意會油然而生。說「我愛妳」也不錯，但具體的讚美更能提升女性的滿足感，例如「妳的眼睛真的好美」、「妳的皮膚真的好滑」之類的。

五、做愛前的按摩（**四五・九％**）

按摩能有效舒緩身體緊張，而實際上，按摩也是被運用在治療性冷感或是男性勃起功能障礙，及不持久等問題的方法之一。

皮膚的接觸越多，孤獨感越少（可以感受到另一個人的體溫），還能加深彼此的親密度。在進行情侶按摩時，要先決定好順序再依序撫摸對方的身體。建議搭配使用按摩油，使用時先倒在自己掌心搓熱後，再像塗抹乳液般按摩全身。

此外，按摩時最好從遠離心臟的末梢開始，像是指尖、頭髮、腳趾等。按摩時記得要將愛意灌注在指尖會更具效果，有時，我們能從身體與接觸來感受到真心。

六、溫柔的做愛（**四五・四％**）

女生喜歡溫柔的性愛是無庸置疑的，能讓女方滿足的性愛口號就是「溫柔的、慢慢的」。大家最好忘記在A片中看到的粗魯、充滿奇技淫巧的性愛。

當然，或許偶爾來個角色扮演可能可以增加新鮮感與情趣，但如果你的對象是「非常討厭粗魯的類型」，最好不要輕易嘗試。

七、為她口交（**四三・三％**）

我在多年的諮商中發現，很多男性喜歡女性為他口交，卻不願意幫女方做，也有很多男性擔心對方私密處有異味，但是請記得「禮尚往來」也適用於性愛中。

幾乎所有的女性都能在口交中得到高潮，因為陰部是非常敏感的性感帶，需要溫柔的刺激它，而口交在「大力一點」、「快一點」、「慢一點」、「溫柔一點」、「帶點搔癢感」這幾個方面都更容易控制調整。

八、一起看浪漫的電影（四一・九％）

女生也喜歡情色電影。看著既浪漫又充滿慾望的愛情故事，也會恨不得身歷其境、感受一番。

如果說男性喜歡看的A片幾乎都是粗魯的插入，以很多像炫技般的性愛場面為主，女性則更喜歡有故事性且愛慾交織的影片。因此，如果想刺激女性的性慾並一起共享美妙性愛，選擇浪漫且情色的電影更有效。

九、將房間布置得浪漫一些（四一・三％）

女性具有容易被氣氛影響的傾向。

曾經有個寢具公司，針對「什麼顏色的寢具最浪漫且會常讓人想做愛」做了研究。結果，答案不是紅色或粉紅色，回答淺褐色或白色的女性最多。

其實，只要想成是高級飯店裡寢具的顏色就對了。準備像高級飯店般乾淨、蓬鬆又柔軟的寢具，點上香氛蠟燭，配上浪漫的音樂、昏黃的燈光等，都能讓女性的性慾大大提升。

十、穿性感睡衣（四一．二%）

情侶一起睡覺時，最棒的就是脫掉衣服、感受肌膚相觸。因為這樣能增加肢體接觸的機會，也更有機率發展成浪漫的性愛。穿著光滑的膚色襯裙不僅在對方眼中很性感，穿的人也更容易進入情緒中。

就結論來看，女性想要的性愛就是能在浪漫的房間裡，和那個他一起看部愛情電影、輕聲訴說愛意、溫柔撫摸，然後情不自禁的熱情親吻！

此外，要記得保持身體的潔淨再進行性愛（雖然有時會突然天雷勾動地火，但在做愛之前一定要將手、嘴巴以及性器洗乾淨，這樣比較衛生），並且不要每次都問

「舒服嗎？」，好好調節射精的時間、變化體位等，都是女性希望的。

最後，為了避孕，請記得準備保險套，在舒適且安心的地方進行性愛，這些都能讓女性更沉浸在性愛中，且更享受。

13 男人都有性愛主導強迫症

那男性在性愛中又期待什麼呢？

不論是什麼時代或社會，一直以來男性在性愛中都較女性更隨心所欲，引發性慾的性荷爾蒙分泌也比女性高。

對男性而言，性愛與愛的距離相當短，有些人甚至還能性愛分離。但現代男性總被要求證明男子氣概，好像也不像以前一樣那麼自由自在的享受性愛。因為心中會有「我應該要做到……」的心理壓力，再加上不太有機會與精於房事的自由派女性切磋做愛的經驗，故性愛得不到提升的情況也很多。

最重要的是，**男性都有一種覺得應該要滿足女性的強迫症**，因此在做愛時也會不自覺的「察顏觀色」。

幸運的是，最近女性的性愛經驗也增加了，相較於過去更能以主動、自由的狀態來進行性愛與溝通，這對男性來說無疑是個好消息。

關於男性們想要的性愛，大致有以下四點：

一、擁有視覺上的刺激

男性容易因視覺上的刺激而達到興奮。一如視覺本來就被稱為像小型大腦一般，對刺激的感受是相當及時的。眼睛一接受到刺激，性器官便會快速充血並勃起。因此，若要使男性感到「性奮」，就必須給他視覺上的刺激，像是露出較多肌膚或身體曲線、穿上易脫的性感內衣等，男性會因為看到所愛女性的身體而興奮。

二、專心做愛

男性最渴望的，當然也是跟所愛之人做愛，但男性對性愛這件事情本來就較女性投入，並且很多時候會以高潮為目標火力全開。

與之相比，女性反而很常在做愛時分神想其他事情，顯得相對散漫且不專心。男

性想要的性愛，雖然也是以愛為基礎，但更希望性愛是有更多行為上的刺激與專心一志，能感受到讓身體發燙且身體合一的性愛體驗。

三、偶爾由女性主導

目前在我們的社會上，性愛依然主要是由男性主導，並對於性愛中主動的女性有些負面的想法，而這樣的偏見也使得女性裹足不前，而有些男性則表示每次都須由自己主動，這樣壓力很大。

做愛是兩個人的事情，為什麼有一方只是被動接受，而另一方總是要擔任主動提議並滿足對方的角色呢？的確，這是個很合理的要求。

不需要每次，但偶爾由女性主動提議做愛吧！像是出其不意給他個火辣的熱吻，或是透過愛撫引起對方的熱情、使他性奮。不要只會乖巧的躺著，偶爾也可以主動試著女性在上的體位，相信對方會隱隱期待。

其實仔細想想，如果每次約會都由你負責挑餐廳、規畫行程，也會相當疲倦吧！雖然大家可能會覺得，讓對方幫你決定，等於是將優先權讓給對方，是體貼的表現，但站在對方的角度，每次都仰賴自己決定並安排，其實令人壓力很大，也很煩。

這種心情就跟偶爾我們也會不想辛苦的規畫自由行，而只想跟團旅行一樣。

如果女性想要主導性愛，最重要的是要在床上放得開。最近的男性也對沒經驗的女性感到負擔，因此未來的路還很長。女性總是小心翼翼，怕被當成是經驗豐富的人，而要讓女性從這樣的社會制約中走出來，需要更多努力。

如果你能讓你的伴侶看到你是發自內心認可，並尊重有經驗的女性，相信她在床上也會更放得開，更能主動參與性愛。

四、積極給予回饋

詢問男性時，很多男性會回答與「很會呻吟的女性」做愛是最棒的。不過，這並不是要大家練習呻吟，或表演出電影裡那樣誇張的叫聲，而是在性愛中感到快樂時，不要隱藏，直接表現出來的意思。

韓國男性的確比其他國家的男性還要懂得「察言觀色」。再加上有希望滿足女性的強迫症，因此女性如果能直接表達出自己的喜悅或情動，男性就會感到更幸福。

在西方，性治療師們會讓無法感受到高潮的女性「錄下呻吟聲並聆聽」，這個行為的意義在於讓個案在自己的呻吟聲中感到興奮，並練習發出更性感的聲音來帶動對方。性愛要相愛的兩人一起開心，才更有趣。

除此之外，其實有不少男性對肛交存有幻想。我想大概是從A片及男性之間私下談論的誇張黃色笑話中來的吧！性的感受是可以開發出來的，透過肛交的確可能感受到快感與高潮。但是，如果想把肛交當作日常，或是在伴侶不願意時還硬要做，就是個大問題了。

此外，就算把肛交視為多樣化性愛的方式之一，但我能很肯定的告訴大家，肛交對健康的危險性絕對是最高的。

首先，由於肛門並不是性器官，因此即使興奮，也不會分泌具潤滑效果的體液。要是勉強插入，便可能會產生傷口或引發疼痛。

再者，肛門是排便的地方，因此很可能會感染大腸桿菌等細菌，且因為很容易撕裂、造成傷口，這也意味著肛門變成容易感染性病的部位。

當然，表達愛意時百無禁忌，如果清潔乾淨，在愛撫時也沒必要特別忌諱。事實上，愛撫肛門能感到相當大的刺激與快感，但最大的問題是插入。

如果雙方都同意肛交與插入，那麼一定要塗抹足量的潤滑液。一定要注意，插入肛門時，保險套比插入陰道更容易撕裂。另外，不論是用手或是性器官，甚至是性愛道具來刺激肛門，都必須清潔乾淨後才能碰觸對方的身體。

不論是哪一種性愛方式，只要其中一方不願意都不能強迫對方迎合。因為性愛是對所愛的人表達愛意的方式，所以在這方面更需要注意。

14 不滿足的信號，早洩與遲射

「做愛時很難控制射精時間。上次一時忍不住太快射了，女友很努力掩飾失望的神色，我也覺得很丟臉。我也想要撐久一點啊！」

「不知道從什麼時候開始，射精就不太順利。剛開始還以為是跟女友的性愛越來越熟練才那麼持久，但後來才發現根本不是我能控制的，就是射不出來。隨著時間越久，現在越射不出來，女友也苦不堪言。」

當男性興奮到極點，也就是到達高潮時就會射精。「延遲性射精」（遲洩／遲射）又被稱為「男性高潮障礙」，是指無法射精或射精困難的症狀，與之相反則是「早洩」。

先前判斷早洩的標準是「插入後三分鐘內射精」屬於早洩，但根據最近泌尿科醫生的說法是「認為自己早洩的人全部都是早洩患者」。

因為早洩，應該是以自己想要的時間為準（自己的期待與滿足），而非一個固定的時間。所以現在泌尿醫學科的標準似乎比之前以物理時間為基準要來得更適切。

幾乎沒有男性沒經歷過早洩。太過喜歡對方、性經驗少，心和龜頭都是越年輕越敏感。但最重要的是不要太聚焦在早洩這件事上。

越是在意這件事，就越可能演變成慢性問題。如果偶然早洩了，也不要太過在意。不要擔心會不會再次發生，趕快擺脫這種壓力反而更有幫助。

早洩的原因相當多樣，可以分成肉體的、精神上的與關係上等，所以找到原因很重要。事實上，由於男性都希望可以更持久，一有這類問題就會去看醫生，因此已經發展出非常多種治療方法了。

像是讓敏感的龜頭鈍化的分布神經切斷手術（陰莖背神經阻斷術）、極少量的塗抹局部麻醉藥、服用必利勁（Priligy）之類的藥品、停止—再刺激療法（Stop And Start method）、陰莖擠捏法（Squeeze method）等，治療方法非常多樣。

其中停止—再刺激療法是效果最廣為人知的行為療法，指靠自己刺激陰莖，感覺快到高潮前停止，等興奮感消退後再次刺激，反覆進行，利用這樣的方式來調整射精的節奏。可以在自己自慰時練習，也可以向伴侶尋求協助。而陰莖擠捏法是在快要射精前，以捏住龜頭來延緩射精的方法。

如果不是身體上的問題，而是因為與對方的關係導致早洩，就需要接受心理諮商或是情侶諮商來解決問題。還有，自慰時想要早早結束的習慣也會引發早洩問題。

許多男性在發現自己早洩後，都會失去自信，但有句話說「能自己發現早洩，就更能擁有美滿的性生活」。知道自己很快就會高潮的男性，如果在插入前能充分愛撫伴侶，讓她感受到興奮與高潮後才快速插入並射精，這樣女性多半也會覺得滿足。

性不只是滿足對方，自己本身的需求也很重要，早洩問題若能解決當然很好，但不需要太過擔心而搞砸自己的性生活，或是因此性生活全面停擺。

而眾所皆知，造成遲洩的幾乎都是心理因素。

像是情侶間的分歧、擔心女方懷孕，或是對伴侶有敵對感、厭惡心理時，都有可能會發生「遲洩」。另外像是在對性非常嚴格的家庭中成長的人、對性行為有罪惡感或嫌惡感，都會無意識的抑制高潮感覺。

伴侶對性行為要求過多或有高潮障礙時，男生也會發生遲洩問題。此外，攝取酒精、服用抗憂鬱藥物、抗精神病藥物及抑制高血壓的藥物也會有所影響，還有極少數是因為陰莖龜頭的皮膚太厚，對性的感覺遲鈍所造成的遲洩。

早洩症患者一般都會很快求診，但遲洩症患者則常會陷入「我很強」的錯誤自信中，因此多半很難在早期就發現問題。

而醫學界其實也是一個資本主義社會，在患者少的領域，不論是藥或是治療方法的研發都顯得不足，所以很可惜的是治療遲洩症的選擇方法並不多。

本以為自己超持久的患者，發現其實是無法控制射精時間時，會感到挫折、憤怒，甚至會迴避性愛。而就女性的立場，另一半遲洩其實比早洩更辛苦。

所有與性相關的障礙，都需要與對方一起努力改善關係並攜手合作，尤其是遲洩症的治療更是如此。學習不同體位與技巧來提升刺激感，藉此達到高潮也是必要的。透過自慰行為來體驗高潮，調整不安的情緒也會有所幫助。

15 法文中的「小死亡」

雖說一般都是男性提議做愛，但其實在整個過程中，男性幾乎是「勞動的一方」。基本上男性在性愛中，對性愛的滿足與否直接取決女性是否滿足，再加上男性的高潮是明眼可見的射精現象，但女性的高潮則是無法確認的，或許也因為這樣，才更讓廣大男性們不安吧！

事實上，男性單純的高潮並無法和女性的高潮相比。與男性不同的是，女性的高潮不僅「不應期[8]」短，且具有「多重高潮能力」，

8 編按：refractory period，俗稱聖人模式，是人類性行為中的一個概念，指男性射精過後對性刺激不再有反應的一段間歇時間，使男性無法完成連續多次性高潮。

意思是只要有足夠的刺激，可以體驗多次高潮反應。

男性在射精後若要再次勃起，須等待一段不應期（年輕男性的不應期較短，所以一夜能多次做愛）。但女性則不同，女性在高潮後若持續施加刺激，就可以再次達到高潮。是不是很令人驚訝？這大概是男性最羨慕女性的性能力之一了。

不過，根據研究指出，即使女性經歷了十數次的高潮，還是第一次的高潮感覺最強烈。此外，女性達到高潮的方式很多，像是靠想像、胸部愛撫、刺激陰蒂或插入、口交等均可，所以女性的高潮能力真的是多采多姿且強大的！

高潮的真實

在法文中，以「小死亡（La petite mort）」來稱呼高潮，這個稱呼很明顯與性的滿足有關。高潮不只是「痛快的感覺」，而是實際發生的肉體反應。

人類達到高潮時，血壓與心跳會上升兩倍以上（因大量提供氧氣給其他器官，故有助新陳代謝），呼吸急促、觸覺敏感度變高、痛感反應值變低，會產生鎮痛效果。

尤其是女性，在刺激陰道達到高潮時，瞳孔會變大。瞳孔放大是感受到強烈刺激與高度興奮時的指標，也是人類才會有的獨有反應。此外，胸部也會泛紅，子宮會收縮。據悉子宮收縮雖然是女性自己達到高潮的反應，但對生殖也有很大的貢獻。

男性到達高潮會立刻射精，但女性與之不同的是，女性的高潮相當複雜且多樣。光是性器官的高潮就可分成陰核高潮、陰道高潮與G點高潮，而根據經驗者表示，陰道高潮和G點高潮比陰核高潮來得更強烈。

陰核位於小陰脣交會起點，長約二．六公分，有兩個分開的柱體根（海綿體構造）。陰核不只能讓所有女性感受到第一次的高潮，還是能將高潮體驗擴張成陰道高潮與G點高潮的寶庫。

陰核是男性陰莖的同源器官，陰莖龜頭上有四千多個神經末梢，而女性的陰核則具有兩倍，也就是八千多個末梢神經，是相當敏感的部位。

女性與男性一樣，性器官在感覺到興奮時會充血而脹大，陰核也會脹大好幾倍。

陰道高潮，指的是男性將陰莖插入女性陰道時，藉由抽插活動來填滿並摩擦陰道空間的感受，以及性器官刺激子宮根部時所引發的高潮感受。大部分的女性在感受到陰核高潮時會感受到強烈的插入需求，也會要求男性插入。

另外，以德國醫師恩斯特・格雷芬貝格（Ernst Gräfenberg）博士的姓氏字母開頭命名的「G點」，則位於女性陰道入口內側三到四公分處，是需要較強的刺激，才能感受到高潮的部位。

因位在陰道入口附近，所以用手刺激比使用性器來得更容易感受到快感。不過關於G點，目前並沒有解剖學上的驗證，主要都是性專家們的說詞，並表示它是個強烈的快感部位。

而性專家們對G點的意見也眾說紛紜。有學者主張它是跟男性的前列腺一樣的性感帶，也有學者認為它是陰核的根部，也有人認為它就是個敏感的性感部位。

一直到今日，學者們對於G點的研究依然樂此不疲，但可以確定的是，它是女生重要的高潮之一。雖然所有的女性應該都能感受到「G點」高潮，但還是需要有特別將它開發成性感帶的機會才能感受到。

根據同時經歷過三種高潮的女性表示，陰核高潮就像是令人顫慄又華麗的高潮，而陰道高潮和G點高潮更像是餘韻遍及全身，緩慢又穩定的高潮。

而結合這三種的高潮，真的才是欲仙欲死的最棒體驗。

女性射精是什麼？

「女性也會射精嗎？聽說女性在到達強烈高潮時會像小便一樣噴出白色液體！」

「我女朋友在做愛時射精了，床單都溼了。這就是她很興奮的證據吧？」

我經常被詢問女性高潮時是否會射精這樣的問題。在A片中經常出現的女性射精畫面，變成了男女都想達到的一個夢幻指標。彷彿會射精的女性是天生的性感尤物，而能使女性射精的男性則擁有強大的男子氣概，但其實大家對這部分都有些誤解。

大家所謂的女性射精，其實是在刺激G點、達到高潮後引起的現象（並不是所有人都會）。嚴格說起來，也不能稱為射精，畢竟這個液體裡面沒有精子，但因為這個現象與男性在高潮後噴射出精液類似，是從女性陰道口噴出乳白色的液體，才被稱為女性射精。

對於這個現象也是眾說紛紜，有人主張「是小便」、「是陰道分泌液」……但根據許多研究結果指出，因其成分與男性前列腺液的成分相似，故稱為女性射精。

不過到目前為止，都沒有證據顯示，射精的女性所感受到的高潮，比沒有射精的女性來得強烈。

此外，因為高潮的感受程度是極度私人的，也難以比較，如果興奮到極致，的確也有可能分泌大量的陰道分泌液，實在不必太把焦點放在女性射精上。

經常感受到高潮有助於提升順產率、降低死亡率、乳癌等癌症的發生率以及心臟病發病率，具減緩壓力、生理痛與偏頭痛等鎮痛效果，不只有助於提升歸屬感、親密感與幸福感，還能增加自信心。

尤其，越常感受到高潮、越常為彼此口交及越常嘗試多樣化的性愛，更能提升女性的性滿足度。雖然不能直接將性滿足度與高潮劃上等號，但與高潮的頻繁度確實有明確正相關。

最重要的是，女性在做愛時感受到跟伴侶身心合一的「極致感」，因此像是給予情緒的安定、性愛後的交流與高度溝通等，才是擁有「美妙性愛」的充分必要條件。

不要再假裝高潮了

假高潮，是指沒有實際達到高潮，卻像演戲一樣演出高潮的樣子。電影《當哈利遇見莎莉》（*When Harry Met Sally...*）中，主角就完美演繹了假高潮。

主角是當時魅力女星代名詞梅格．萊恩（Meg Ryan）所飾演的莎莉，與她的大學同學哈利，兩人有好多次曖昧瞬間，卻又陰錯陽差一直維持朋友關係。

有天莎莉與哈利在餐廳見面，莎莉問道：「過得怎樣？」這時哈利回答：「都很好，愛情生活也很滿足。」莎莉問：「你怎麼能知道女友滿足了？」哈利很有自信的說：「怎麼可能不知道，我超懂的。」

這時莎莉突然像高潮一樣大聲喊叫起來：「喔～嗯～！對！對～就是那裡！」她拍打著餐桌，閉著眼睛、嘴脣顫抖。面對莎莉的樣子，哈利顯得不知所措，但剛剛還渾身顫抖的莎莉，卻一下子就若無其事的坐好，重新開始用餐。「怎樣？女生都是這樣演的，你根本不可能知道你女朋友是不是真的高潮！」莎莉說。

雖然男女都想要經歷高潮，但其實我們卻很常是演出來的。根據研究調查顯示，約有超過八〇%的女性曾經演過假高潮，至於男性也有超過四〇%。女性會賣力演出假高潮，這一點已眾所皆知，但是男性竟然也會演，真的令人驚訝！

男女演出假高潮的理由也很相似，不外乎為了給伴侶自尊心、想快點結束，或能感受到對方的付出，因此想多給予正向回饋等。就算是為了鼓勵，也建議不要讓假高潮變成習慣，這就跟說謊一樣。當關係中充斥著謊言，最後只會導致破裂，而在性愛中也一樣。

當你以假高潮來給予對方錯誤資訊時，同時也剝奪了對方變得更好的機會，而且顧著演戲，就無法專心感受自己的身體，久而久之性愛的品質也會越來越差。

當然，能在性愛中感受到高潮是再好不過的了。但大家一定要記住，如果因為沒感受到高潮，就開始假裝、演戲，最後兩人對性愛的滿足感只會越來越低。

16 男性性幻想排行榜

只要在 YouTube 上傳跟「女性自慰」有關的影片，反應都相當熱烈。大概是因為人們對男性自慰已經習以為常，而對女性自慰卻還處在充滿好奇心的階段吧！

那麼，是從何時開始關注女性自慰問題的？我想大概是因為，在男性的性幻想排行榜中，「觀看女性自慰」一直都占據前幾名的緣故。現代女性的性經驗也比以前多，所以會有更多的女性會願意為了滿足自己需求而自慰。

自慰，一如其名就是自我安慰的行為。更具體說明，是隨著性需求，透過刺激自己的身體來得到快感與滿足的「自主性的性愛」。其實就連年紀很小的孩子也會經由撫摸自己的性器官而感到愉悅，這是極其自然的事情。

幾乎所有的男性在青少年時期就會開始體驗自慰行為。所以才會有一句笑話說：

「九七％的男性有自慰經驗，剩下三％說謊」。

我認為應該有超過三％的男性因為價值觀或是宗教的緣故而不自慰，不過不論如何，在過去東西方都認為自慰會變成變態，故而均嚴格禁止。

像是恐嚇青少年自慰會讓骨頭爛掉，或是西方也會訓誡孩子自慰會導致肝病與精神疾病，甚至還會將自慰的人抓到精神病院去。很幸運的是，現在沒有像以前那般禁忌，但還是有部分的家長對子女的自慰行為感到擔憂。

我想，最近的年輕人開始自慰的年紀應該比過去小很多，而且也更頻繁。原因是現代社會的孩子從很小就開始接觸3C產品，很容易就能從智慧型手機或電腦上接觸到會誘發興奮的色情影片，並和朋友們分享。

但只要不縱慾過度，其實自慰就是青少年自己練習性行為、開發自己的性感帶，並消除性的緊張行為而已，就這點來看，自慰其實是個維持健康身心的方法。

此外，最近大眾對自慰行為的看法改變了，認可自慰是個無關對象，就能輕鬆讓自己得到高潮的性行為。不過對於女性自慰的部分，具體來說是女性透過自慰來得到快感的這一點，依然存在許多禁忌與否定的視角。

於是現在坊間充斥著各種關於女性自慰的荒謬說法，像是太常自慰，性器官（尤其是陰核）會變形、顏色變深等。但事實上，性器官本來就會隨著身體發展成熟顏色變深，而且這一點不論性別，並不是因為撫摸得多而變深。

女性對性的看法中，還參雜了許多男性的視角，像是「女生如果對性懂很多或太積極，會被看成是很放蕩的女人」，或是擔心男友因為「自己的乳頭和小陰唇顏色很深」就誤會自己性經驗很多。由此可知，女性若要行使性自主權，要走的路還很長。

女生一般都不是自發性的自慰，多半是因為接觸了情色影片，或是有男友後，產生了親密接觸的需求才開始自慰。當然，也有人是因為性器官摩擦到棉被或是小角角時，感受到快感後才開始自慰。

年輕女性喜歡的自慰行為大都是刺激陰核或周圍部位，而不是插入陰道內，所以比起男性陰莖造型的假陽具，使用按摩棒的人更多。

此外，與男性不同的是，女性也常會撫摸自己的胸部來自慰。女性的胸部對刺激非常敏感，幾乎可以被稱為是另一個性器官，光靠愛撫胸部就達到高潮的情況很多。

在對性相當保守且缺乏資訊的韓國社會，女性的自慰行為其實對往後與伴侶的性生活協調很有幫助。

自慰行為是性愛的練習，不只能讓我們知道該如何撫摸性器官、該摸哪裡才能感到興奮，也能知道是否得到快感，甚至還能開發自己的性感帶。當之後實際與伴侶做愛時，也更能輕鬆達到興奮與滿足的感覺。

在性諮商的現場，也會建議無法與伴侶感受到高潮的女性試著自慰，而對於不太容易覺得興奮的情侶，則會建議他們相互看著彼此自慰，或偶爾參與對方的自慰行為，藉此熟悉讓對方興奮的方法。

性愛就是與愛人一起享受的愉悅之舞，如果自己先練習困難的舞步，在共舞時就能更熟練、更愉快的沉浸在舞蹈中，而自慰與性愛也是一樣的道理。

17 難以根治的性成癮

其實有不少人前來諮商，為解決性成癮尋求協助。

像是有些夫妻，丈夫每天看A片自慰，卻不願意跟妻子做愛；或是有些男性因為壓力大而看A片紓壓，到最後卻沒辦法跟人發生關係等，都不在少數。

今天也收到一位男性來信，主旨是「請問自慰上癮能否預約諮商」。其實自慰是自己一人進行的性行為，因此自慰上癮就是性成癮，且大都會伴隨著A片上癮症。

在我諮商的經驗中，對A片和自慰上癮的男性，在現實生活中多半都對自己的伴侶或妻子無法感到興奮，有勃起困難的情況。因為已經習慣從A片中看到相當前凸後翹的對象，接受到強烈的刺激，對於習以為常的伴侶就不再有反應。

也有人表示，跟伴侶發生性關係比自己做還累、還要更費心思，所以漸漸的就不想做了。也有男性說自己性成癮，因為想做愛的次數太頻繁，女朋友看他的表情簡直就像在控訴他是禽獸一樣，因此很煩惱的前來諮商。

妨礙靈魂溝通的性成癮

性成癮與酒精中毒、菸癮、毒品上癮一樣，是指依靠性愛來緩解緊張，透過性愛來獲得安慰的症狀。

性成癮的治療比酒精中毒、菸癮和毒品上癮來得更困難，因為性成癮患者不只沉迷於身體的感覺，也與情緒依賴有關，像是寂寞、孤立、不安等。

性愛就像一把雙面刃，用錯了會上癮、影響生活，但用對了就是個能變得更健康、更幸福的美好行為，也是伴侶維繫關係的重要方法。性成癮的治療目的，在於讓患者能持續控制跟伴侶的適度性愛，因此，才會如此困難。

不論是菸酒或是毒品上癮，到最後其實都是孤獨與疏離感造成，性成癮也是一樣。像是習慣劈腿的人，有不少是因為小時候受到父母的冷淡與放任，而無法與人維

持長期的關係，會不自覺的選擇交往一陣子就分手，這樣無須負責任的關係。因此，兒時的依附關係發展是非常重要的。

雖然性愛是提升親密感的行為，但太側重感覺，就會需要越來越強烈的刺激。也因此，若實際撫摸到肌膚的刺激強度，和視覺上的刺激強度沒有增強，就會變得難以興奮。

而若沉溺於這樣只在乎感受的狂野性愛，就會演變成只能以性愛來舒緩緊張，更嚴重的會變成一天要做愛好幾次的性愛重度依賴者。

性愛是感受的問題，也是關係的問題。因為性愛不只是用身體對話，更是用心與靈魂對話，藉此以獲得更深的親密感的強力溝通方式。如果一味追尋強烈刺激，沉迷於性感帶的開發而罔顧心與靈魂的溝通，那彼此的愛就會漸漸冷卻。

重要的是，我們雖然可以進行沒有愛的性愛，但是在性愛的中間如果有愛，就能使我們的自我變得更加健康、堅強。

18

體位，哪種姿勢比較好？

「我男朋友真的很執著於用同一種體位，所以現在我對做愛越來越不感興趣了。想要變化體位很奇怪嗎？」

「我喜歡女上男下，但女朋友好像很討厭，可是大家明明說女生在上面的話，女生也會很舒服啊！」

根據許多性愛指南，性行為時能嘗試的體位有超過一千種，而印度性愛寶典《慾經》[9]中也介紹了超過六十四種體位。不過，一般較常被運用的大約只有四種基本體位。體位隨著兩人的想像力、身體條件以及心理狀態，可以相當多樣化。

這四種基本體位分別為男性撐在躺姿女性上方，臉部相對的正常體位（據傳這是

歐洲傳教士教導非洲原住民的正確性愛方法，因此又稱為傳教士體位）；跟正常體位一樣兩人臉部相對，但女性在上的女上男下體位；男性在女性背後的後背式，以及身體或腿交疊的側入體位等。

每個體位都有優缺點。

正常體位因為可以看見彼此的臉，有助於在性愛中增加親密感，但因為一般男性體重較女性重，且女性背靠床躺著，不只女性的動作會受到限制，也難以愛撫到身體其他部位。此外，有腰痛或其他身體問題的人也較難維持正常體位。

女上男下的體位可以由女性主導，較容易感到興奮，男性也更能愛撫女性全身。而且，這個體位是由女性來動，所以男性可以稍加休息。據說躺在下面看著女性的身體和動作，會使男性更興奮、更持久。而女性也因為是自己動的關係，更容易刺激到陰核，較易達到高潮。

9 編按：又稱《愛經》，是古印度一本關於性愛的經典書籍。全書共三十五章，可分為七篇，其中第二篇主要談論性行為，詳細介紹了各種前戲、性高潮、做愛姿勢等。

後背式是男性在女性後面插入的姿勢，在許多野生動物上很常見。男性可以看見女性的腰與背部，還能撫摸女性的身體。因為是男性由上往下插入的視角，所以會很有征服感，女性則有被支配的感覺，因此這個體位的喜惡相當看個人。後背式因為能插入較深，所以也有人偏好這個體位。

側入體位是指側躺或腿交疊，身體有較大面積接觸的體位。

情侶做愛並不需要固定體位，藉由自主的多方嘗試來讓性愛更有趣，有助兩人的性生活美滿。變化新的姿勢能為兩人同時帶來快感，而創意也會帶來興奮與滿足感，因此以多樣化的體位來享受性愛很棒，但最重要的前提是，兩個人都要願意並且也都樂在其中才行。

不只是姿勢，時間也一樣能多變化。性愛不是只能在晚上進行，早上或是中午也可以。場所也不一定非得要在床上。

一成不變的模式無疑是在澆熄性慾與興奮的火花。情侶們如果能發揮創意，相信一定能擁有更美滿的性生活。

19 學生最好奇的性問題

「您對婚前守貞有什麼想法？」

「婚前性行為好像不太好，是我太保守了嗎？」

「男生得到以後很快就會膩了，很多人不也因為這樣才分手的嗎？」

「您認為交往中的性愛，對兩人的關係與愛情都有加分效果嗎？」

以上這些問題，每年都會不斷的在課堂中被提出。

雖然我們的社會看起來好像對性已經開放許多，但還是有學生希望在婚後才發生性行為。女性往往會擔心在婚前就發生性行為，男生會很快就膩了，最後會變心或要分手，但也會擔心如果拒絕男性的求愛，感覺戀情就要劃下句點了。甚至也煩惱婚後的另一半，會在意婚前的性經驗。

因為結婚年齡不斷往後延，若要維持婚前純潔，禁慾期間也會跟著變長，所以大家對婚前性行為看法的分歧勢必會越來越嚴重。

隨著談戀愛的年紀變小（說起來，難道不是整個社會在煽動提早發生性行為嗎？），戀愛後自然而然會有親密接觸，而後就會面臨煩惱要不要發生性關係的階段，因此從戀愛到性行為間的距離其實並不遠。

年輕人對婚前保持純潔，也就是婚前性行為的意見，大致上可以二分為「可以」和「不可以」，但主張可以與不可以的原因卻相當多樣。

如果問他們：「你會發生婚前性行為嗎？還是覺得做不做都沒差？」最多的回答大概會是：「如果很愛對方的話，就可以。」也就是說雖然回答是「可以」，但這個「可以」其實包含著但書，與實際上會在婚前發生性行為是兩件事。

更明確的說，是只有頭腦擁有先進的思想，而行動卻依然停留在以前。

根據對大學生做的未婚性意識調查結果，約有超過百分之六、七十的人回答，如果夠愛，就可以接受婚前性行為。因此，有很多人質疑「現在年輕人太開放了、太隨便了」。但想法與行動之間是存在差異的，光用想的和實際去做又是兩件事，尤其是做愛。

愛一個人，就會對他的身體產生慾望，而所謂的性，是集合了肉體、心與關係的集合。「柏拉圖式戀愛（Platonic Love）[10]真的是愛嗎？這真的可能嗎？」這個問題至今沒有正確解答。

前幾年，我出了一份作業給學生，主題是「性與愛」，並讓學生自由且坦率的寫下自己的想法，但其中幾位男同學的反應令我訝異。

「我女朋友說婚前不能發生關係，但她認同我會有需求，所以在她願意之前，她允許我去買春。我一點都不覺得這樣很好，我又不是禽獸！既然她愛我，又怎麼會放任我去和其他女生做愛呢？我真的不能理解。」

「我女友一開始就說婚前不能發生關係，所以一直以來我們都是這樣。但其實我

10 編按：又稱純浪漫愛情（pure romantic love），意指單純追求心靈溝通、不追求性愛的精神戀愛。

蠻生氣的，感覺莫名其妙的輸給了根本都還沒出現的人。她明明說愛我，卻為了一個根本都還不知道是誰的男人守著純潔，這樣是真的愛我嗎？」

讀著學生們的作業，我忍不住又陷入沉思。不禁想著：「沒錯，愛應該是身心一體的，喜歡對方的身體難道不也是愛情的一部分嗎？」此外，男性「感覺像輸給還沒出現的人」這樣的嫉妒心理也不能輕忽。做出這種選擇的女性，真的愛對方嗎？還是在等待更好的人出現呢？我的內心真的很複雜。

當然，女性的想法又不同了。社會上其實還是對女性的性經驗相當敏感。直至今日，還是有不少男性會「以愛之名，以行上床之實」，在發生關係後就輕易的分手了；而相反的，女性在性行為後往往會變得更依賴、更愛對方（當然不是要一竿子打翻所有的男性。我也相信真正愛一個人，不論性別，在做愛之後都會更愛對方，但這樣的情況確實不少見）。

此外，對於需要負擔懷孕、生育與養育的女性而言，若是懷孕，就需要面對諸多責任，也使得女性對於會帶來懷孕疑慮的性愛，不得不更加謹慎。

不論怎麼說，在性愛過後，男性幾乎沒有需要獨自承擔的後果。基於這樣的社會情況與生物學原因，女性在決定是否發生性愛這件事上，確實比男性困難。

現代社會對於交往後分手，再與他人交往這件事已司空見慣，但對於交往中發生關係，就算是因為深愛對方而發生，分手後女性接受到的異樣眼光還是比較多。

對純潔與貞操的社會基準與經濟地位成就，要能同時公平的適用在男女身上，才能減輕女性的煩惱。基於對身體安全的考量，大家應該要對避孕與性病預防做好準備。如果在心理與情緒上都能勇敢的負責，就能自己決定自己的性行為。

性行為只是人生經驗的一部分而已，不需要向某人分享、為自己辯解或是請求他人諒解。純潔很重要，第一次也是很重要的。換個角度想，只不過是換了相愛的對象而已，不管何時，跟所愛之人的第一次性經驗都是純潔的。要是這樣想，就不會覺得婚前、婚後是個問題了。

重要的是，你是否深愛那個人，愛到想跟他上床的程度？如果真的愛他愛到決定要跟他上床，那麼想為了這份愛奉獻全部，這本身難道不是一種純潔嗎？

最後，這個決定一定要能讓你幸福，也能讓以後的你更幸福才行。

安全愛愛的八個建議

性行為最重要的是安全。想要安全性愛，該怎麼做呢？以下是我的八個建議：

一、性愛是可以拒絕的

對於自己是想做還是不願意做，一定要明白的表達自己的意思，不想要，是可以拒絕的。尤其在還不太了解對方，自己也不太願意時，這種情況硬拖到最後，往往會發生更後悔的結果。

二、性關係人數應該要有所限制

性愛對象越多，問題就越多。不只關係糾葛，還有性病、意外懷孕等問題。

請大家一定要記得，跟一個人做愛後，問題不是只出現在一起躺在床上的兩人，各自經驗過的對象所引發的問題，也都會伴隨出現。

三、不要太相信自己的感覺

不要認為對方看起來很像正人君子，就輕易斷定他是個安全可靠的人。

四、不要喝陌生人提供的酒或飲料

在不太了解對方時，如果一起喝酒，可能會演變成危險的性愛。很多在正常清醒的狀態下不願意的事情，很可能會在酒精或藥物的影響下做出後悔的決定。安全性愛的基本是要能為自己的行為負責，所以精神務必要在清醒的狀態。如果喝酒的場合沒有同行友人，就千萬不要喝下飲料。

FM2、佐沛眠等被濫用於約會強暴的藥物[11]，會讓受害者沉睡並失去控制力。

11 編按：根據中華民國法務部反毒大本營網站，俗稱FM2的氟硝西泮為第三級毒品，為強力安眠藥；佐沛眠則屬第四級毒品，臨床上會用來治療失眠症。

這些藥品大都無色無味，並主要被混在酒中，因此被害者幾乎都無法察覺。

服用藥物十分鐘後會開始感覺頭暈、失去方向感、非常熱或非常冷。喝了被下藥的飲料的人會難以說話也無法自主行動，之後便會昏迷，最後對發生的事情感覺模糊或是根本不記得。

因此，最聰明的做法是不要喝陌生人給的飲料，去夜店等場所時，也不要將飲料交給其他人。最近，這些藥品不只被下在飲料中，還做成了糖果和果凍，因此絕對不要吃陌生人給的東西。

五、先與伴侶討論性愛安全

交往後，如果關係發展穩定，就可以開始跟伴侶討論安全的關係與性行為。因為一旦開始有親密接觸，進展就會非常神速而且很難喊停。

雖然在決定性愛的同時，也可以討論避孕方法，但還是事先溝通、準備比較好。若能在日常約會中就自然、坦率的和伴侶討論關於性的問題則更好。

六、愛用保險套

如果約會的日子快到了，感覺那天會有想做愛的慾望，就要事先買好保險套，以防萬一。此外，一定要確認保存期限並好好收著。

如果女性有規律的性生活，那麼建議搭配服用含荷爾蒙的避孕藥會更安全。

七、性行為前應該充分了解伴侶

性愛是不可避免的，而隨著兩人關係快速發展，一定要更努力的了解對方是個怎麼樣的人。

最安全的性愛，就是不跟不熟悉的人發生性行為。

先一起約會，聽聽他對愛情與人生的看法，藉由更多的對話來了解他。在雙方都判斷對方是個安全的人後，這時再來決定是否發生性行為會比較好。

八、不要做危險的行動

沒有任何保護措施的口交或肛交會讓自己陷入危險中。如果在任何一刻，你感覺到危險，或有不好的預感就不要做。

雖然越危險可能會越刺激，但是一瞬間的錯誤選擇可能會讓自己陷入危險中，像是交換伴侶或是其他變態的性行為，都不是美妙的性愛。

第四單元

成人健康教育

另一個熱門作業：要學生去買保險套

雖然在韓國，「無套不性」就跟口號一樣朗朗上口，但我還是對下列幾種情況感到很擔心，像是沒有正確避孕知識，或不曾認真思考過責任問題，甚至是即便思考過責任問題，卻依然在還沒開口討論、毫無準備的狀況下與對方發生性行為等。

再次強調，在發生性行為前，要有一輩子為這個行為帶來的結果負責任的心理準備，並且，在選擇對象時，千萬要選擇會與你一起承擔責任的人發生關係。

百感交集的買保險套作業

在這堂課中，我還會出一項作業，要求學生去「買保險套」，並且寫下自己購買

時的心情。聽到這個作業時，學生們不是一臉尷尬，就是露出「有必要這樣嗎？」的表情。也有人剛開始對這作業不以為意，但聽了其他同學的分享後，陷入了沉思。

學生們幾乎都會捨棄住家附近或是之前常去的便利商店、超市，並選擇不常去的區域，也會在意店員的性別是同性還是異性、考慮是白天去還是晚上等問題。

此外，大多數的人會將保險套混在其他商品中，而不會單獨只買保險套，或是在約朋友一起去買東西時，一臉難為情的混在朋友的商品中結帳。也有學生找不到保險套的陳列櫃，但不好意思問店員，於是選擇先利用 **App** 搜索後再去找。

這份作業的目的，是為了讓每位學生都能做好準備。大家都知道避孕的重要性，但如果沒有實際去購買，就很難應對性愛前卻沒有保險套的狀況。另外，也是為了要讓大家體認到自己應該為自己的性健康負責。

雖然這看起來好像是個沒什麼了不起的作業，卻讓同學們百感交集。這學期還有女同學說，為了紀念自己第一次購買保險套，分了兩個給媽媽呢！

避孕是共同決定要進行性行為的雙方，都需要負責且準備的。如果把這件事都推給某一方，在他沒有準備時就會很難堪，也會很危險。

因此，我才讓同學們不分男女都要做這份作業。這樣就算其中一方沒有準備，另一方還是能從包包中拿出來，才能算是擁有「性自主權」。

經常有女性問我：「在做愛時，伴侶覺得不舒服想把保險套拿掉，該怎麼辦？」大部分的女性都會擔心，如果跟對方說：「沒有保險套就不做！」會破壞氣氛或是讓對方覺得尷尬，因此往往會要對方承諾「只有這一次」，便同意了對方的行為。

也有不少男性心安理得的表示，因為不想犧牲做愛的「舒適感」，會直接在性愛過程中拿掉保險套，或是從一開始就不戴。如果會懷孕的一方不是女性，而是男性，相信男性應該無法用這麼輕描淡寫的態度說出這種話吧！

避孕是一種約定。在性愛途中，因個人感受而隨意拿掉保險套的男人已經違反了約定，是個視對方的安全與兩人未來的關係為無物且自私自利的人。

女性不應該半推半就的勉強自己，然後惶惶不安的直到下次生理期來，而是應該當場拒絕，直接說「那我不做了！」最好以行動讓對方感受到妳的堅決。

而如果這樣的情形不斷發生，就要做個「了斷」。因為和一個完全不顧及對方心情與安全的人交往，是相當危險的事情。

因此，為了身心健康並擁有健康的愛，應該要堅持避孕且自己做足準備。

02

錯誤的避孕常識

從男人與女人知道做愛會導致懷孕後，人類為了避孕使出了渾身解數，不過因為懷孕的當事者是女性，因此女性對避孕這件事更加迫切。

從古埃及時，就有將鱷魚糞便塞入陰道的避孕法（但根據最近的研究顯示，鱷魚糞便避孕劑能提升陰道酸性，反而有助於懷孕），而到現在，還是流傳著做愛後以冷水或可樂沖洗陰道的方法，或用腿踢下腹等危險又錯誤的資訊。

此外，也有些人相信「第一次性行為不會懷孕」，這種不知道從哪裡來的樂觀主義言論，都讓正確避孕難上加難。

現在就讓我們一起來了解這些錯誤的避孕觀念吧！

首先，很多人堅信有效並認可的「體外射精」避孕法，其實根本無法避孕。

沒有準備保險套，或是不喜歡保險套帶來異物感的男性，很常會提議體外射精。這是指男性在插入式性愛中，在高潮前將陰莖抽出，並於女性體外射精的行為。

根據統計，在有性經驗的女性中，超過一半的比例都曾因為各式各樣的理由而體驗過體外射精。或許大家會認為，因為男性並沒有在女性體內射精，所以精子不會留在陰道內，但其實在射精前，從尿道口出來的考珀液（Cowper's fluid，又稱尿道球腺液、預射精液）可能就已經混有大量的精子。

更大的問題是，很多男性其實很難在射精前完美的將陰莖拔出。因此，就體外射精的情況而言，一百名女性中約有二十二名在第一年懷孕。而且，如果男性經常進行體外射精，也可能會使性的感覺鈍化，導致性功能障礙。

沖洗避孕法是指在性行為結束後盡快清洗陰道，但因為可能已有部分精子進入子宮頸內，還是有可能懷孕，而且有時沖洗陰道，反而會使精子更被推進子宮頸內。

此外，還有流傳已久的自然避孕法，包含利用女性生理週期，避開危險期（排卵期）的月經週期法；利用女性在排卵期體溫會升高一．八度左右這點，來判斷懷孕機率的基礎體溫法；分泌物觀察法是根據女性的陰道分泌物來分辨排卵期，分泌物平常

是白且濃稠的，但排卵期會變得像蛋清一樣稀且透明。

大家可能會覺得，像這樣不使用任何道具，且不需要服藥的方式比較健康，但這些方法的效果都不好。

因為女性可能會突然的排卵，簡直可以說是一年三百六十五天都有可能。當體內有發炎現象時，體溫也會升高，甚至分泌物也會受陰道炎或荷爾蒙影響，因此自然避孕法很難作為正常的避孕方式來使用。

由於避孕是必須的，因此相關的錯誤認知也非常多。以下列舉四點常見的迷思：

一、第一次性行為不會懷孕

其實第一次發生性行為的懷孕機率比想像中高很多，因為初體驗時通常女性都較為年輕，而越年輕的女性越容易懷孕。

根據研究，二十歲到二十五歲的懷孕機率為八五％以上，三十歲到三十五歲為四五％，而四十歲到四十五歲則下降到二五％。

當然，懷孕機率不只有年齡因素，還會與個人的健康、環境與生活方式有關。總之，懷孕不是人力可以決定要或不要的，也不會因為是第一次就比較不會懷孕。

二、生理期中不會懷孕

很多人認為女性生理期時，卵子已經伴隨子宮內膜脫落，所以不會懷孕。但其實，還是會因為生理週期短或是其他未知的原因懷孕。

三、長期服用避孕藥會導致不孕

根據報告顯示，以前的避孕藥含大量荷爾蒙，因此有諸多後遺症。但最近藥品的荷爾蒙含量已經大幅減少，因此只要停藥就立即有懷孕的可能。

四、使用保險套能百分之百避孕

除了「禁慾」以外，沒有任何能百分之百保障安全的避孕方法。正確使用保險套能相當程度的預防懷孕，但也不是完全，最好能與其他避孕法並行。

03 健康教育課本裡沒寫的

在現代，避孕法可以分成道具避孕、賀爾蒙避孕或裝置避孕，以及其他透過手術達到永久避孕的方法。

以前的避孕法幾乎只以女性為研究對象。近來，針對男性的研究也越來越多，並取得一定的成果，研發出能減少精子量或降低精子活性的口服藥，提供更多選擇。

以下先介紹三種道具避孕的方法：

一、保險套

保險套是以天然乳膠或聚氨酯，做出符合陰莖大小的容器，並在射精後攔截精子進入女性的子宮，不只能避孕，也是唯一能預防多種性病（並非百分之百）的方法。

使用時的注意事項包含以下七點：

＊使用前，需輕輕扭轉儲精囊並排出空氣，再於勃起的陰莖上套上保險套。

＊射精後，捏好保險套根部，小心從陰道中退出後才能拿掉保險套。如果射精後依然在女性陰道內做抽插動作，因為此時陰莖已經不是勃起狀態，保險套可能會滑掉並讓精液殘留在陰道內。

＊不重複使用保險套，若在性愛過程中有多次射精，每次都要換新的。

＊留意保險套的有效期限。乳膠製保險套要放在陰涼且光線較暗的地方保存。

＊購買時請確認保險套尺寸。據說，男性偏好喜歡使用比自己陰莖大一號的保險套，但這樣避孕失敗的機率會很高。

＊使用乳膠製保險套時，除了潤滑液外，表面不可以塗抹其他產品。塗抹嬰兒油、橄欖油等植物油，或是保溼霜、護手霜及凡士林等都會使保險套表面溶化，在使用過程中容易破裂。

＊大多數的保險套外層都已經塗抹了潤滑劑，如果還要使用其他潤滑產品，要使

用水溶性潤滑劑。

希望男性們不要說出像是「我不會插進去」、「我真的很會控制，絕對不會失誤！」、「保險套不舒服」、「不會得性病啦」、「妳如果相信我，就不會說要戴套！」這類的臺詞。而女性要是聽到這些話，也千萬不要相信。

雖然偶爾也會有女性會懷疑事先準備好保險套的男性，覺得他們「只是想玩玩」，但是兩人在決定發生性行為前，就應該確定彼此的關係。請一定要記得，避免意外懷孕是對女性有利的。

男性應該很常聽到「戴保險套會導致陽萎」這類的話，故對戴保險套抱持著否定的心態，甚至因此在性行為時會發生疲軟或不振的情況。但根據研究報告顯示，使用保險套時，如果能專注在安心的感覺上，反而能更持久，並能更肯定自己的性經驗。

二、女性保險套（Femidom）

女性使用的保險套是乳膠製成的袋子。有兩個具伸縮性的環，一端固定在陰道內阻擋精子的進入，另一端則留在陰道外。跟男用保險套一樣是拋棄式的，使用後即拿出丟棄。注意，女性保險套不與男性保險套一起使用。

此外，女性使用的隔絕式避孕方法還有避孕隔膜（diaphragm）、子宮帽與避孕海綿。但這些需要在醫師的協助下才能使用，韓國女性一般會因為覺得麻煩，而不常使用這些方式避孕。

三、**殺精劑**

殺精劑一如其名，是殺死精子的藥，分為栓劑和錠劑。在開始性行為前放入陰道中，經水解後會產生泡沫或是溶解，可以殺死進入陰道的精子。不過效果會隨時間減弱，不適合作為單獨使用的避孕方法。

利用荷爾蒙劑的避孕方法

全世界有一億名以上女性最常選擇的避孕方法，就是服用避孕藥。

口服避孕藥是利用低劑量荷爾蒙來抑制排卵，使子宮頸黏液變得黏稠，阻止精子進入子宮內，並妨礙子宮內的受精卵著床。

一、事前避孕藥

一般的避孕藥都是二十一錠或二十八錠。二十八錠的避孕藥需要醫師處方，前二十四錠含有荷爾蒙，後四錠則是含鐵劑、維他命與乳糖的偽藥（無效藥）[1]。一般人多半會在藥局購買二十一錠的藥劑，並將生理期定為七天停藥。避孕藥種類很多，最好在與醫生諮商後，選擇最適合自己的藥。

從一九六〇年至今，避孕藥內含的荷爾蒙劑量與副作用已經大量減少。不僅效果好，而且是只要女性想避孕，就可以自行完成的避孕方式。甚至還有一個優點，是對性行為完全不會造成任何影響，這點與保險套或殺精劑大大不同。

服用避孕藥時，月經週期會變得規律，月經量少且週期短，對面皰肌膚或是油脂

1 譯按：與韓國不同的是，在臺灣，二十八錠的事前避孕藥有二十一加七與二十四加四兩種。

分泌旺盛的脂漏性皮膚，及多毛症具改善效果，還能減緩經痛情形。

此外，避孕藥也會被運用在治療經血過多、陰道出血、子宮內膜異位等症狀，亦具有預防子宮內膜癌與卵巢癌的效果。

只要遵守每天定時服用的守則，避孕率將近百分之百。但如果同時服用抗生素、止痛藥或鎮靜劑，避孕的效果會下降。有抽菸習慣、三十五歲以上女性若服用避孕藥可能會導致血栓生成，應盡量避免。因為避孕藥含荷爾蒙的緣故，副作用會帶來頭暈，在適應期間可能會有少量出血或體重增加的情形。

如果決定要吃避孕藥，就必須每天在相同時間吃才有用，因此要有天天吃藥的決心與心理準備。此外需要特別注意的是，避孕藥並不具預防性病的效果。

就流產的情況而言，最好從流產之後立即開始服用避孕藥，而生小孩後在餵食母乳期間則絕對要避免；在非哺餵母乳的情況，生完小孩後二到三個星期開始重新服用即可。

除了前述，還有其他的注意事項，請一定要詳閱並牢記避孕藥上的說明書。

二、事後避孕藥（緊急避孕藥）

在性行為前沒有避孕、性愛途中保險套破裂或發生強暴等情況時，為了避免意外懷孕，應採取緊急避孕措施。緊急避孕措施有口服藥與置入子宮內避孕器等方法。

在韓國，事後避孕藥需要醫師處方才能購買。服用後，荷爾蒙會在短時間內大量分泌，達到延遲、抑制排卵，以阻礙受精，也會使子宮內膜變化來防止著床。

卵子與精子結合成受精卵後，會沿著輸卵管移動，經過七十二小時抵達子宮，進入子宮後到順利著床大約還需要七十二小時，也就是排卵後六天左右。

事後避孕藥需要在性行為後七十二小時內服用，盡可能越快服用、效果越好。如果在服藥後三小時內嘔吐，需要再次服用或置入子宮避孕器。

服用事後避孕藥，等於是一次攝入大量的荷爾蒙（服用一錠事後避孕藥的荷爾蒙含量約是數十顆普通避孕藥的量），會有相當嚴重的副作用，像是嘔吐、下腹及乳房疼痛、月經血量過多、月經延遲、腹瀉等，因此絕對不建議經常使用。

另外要注意的是，事後避孕藥只對在月經週期中的一次性行為有效，因此無法作為每次性行為的避孕法，或是期待一次服藥可得到多次避孕的效果。

會需要服用事後避孕藥，簡單來說就是在事前沒有避孕的意思。甚至也有醫生主張，事後避孕藥這種東西，一輩子就算只吃一次都太多了，可見除非緊急的情況，否則真的最好不要使用。

三、陰道避孕環

陰道避孕環，是個需經醫師處方，並裝置在陰道內的細長環狀器具。使用者以手指將環捏住，輕輕推入陰道深處即可，使用方法相當簡便。避孕效果與口服避孕藥相同，且因使用方法簡便，在國外，有許多女性經常使用。

從月經週期的第一天置入陰道中，可以維持約三個星期，移除後一星期內不使用，之後再置入新的避孕環即可。避孕環和保險套一樣不可重複使用，且與口服避孕藥一樣會出現副作用，可能導致陰道炎或是分泌物增加。

四、注射避孕針

避孕針是每三個月注射一次的避孕方法。可施打在手臂、臀部與腹部，施打後會

釋放荷爾蒙到全身，在施打後立即能產生避孕效果。偶爾會伴隨頭痛、體重增加、腹部不適等副作用。

注射避孕針必須在月經週期開始的五天內注射，會感受到經血量明顯銳減。藥效減弱的三個月後，會再次行經，不過週期因人而異，有些人可能會稍微長一些。

避孕針的缺點是只能連續使用兩年，而且萬一在期間懷孕，很可能會造成子宮外孕（指胚胎在子宮以外的部位著床，通常會發生在輸卵管）。建議以年輕女性為主，因為長期使用會導致罹患骨質疏鬆症的機率變高。

利用裝置的荷爾蒙避孕法

一、IUD（宮內節育器）

是由醫生在子宮內裝置的聚乙烯節育器。手術簡單，一次可維持五年的避孕效果。就全世界來看，選擇此避孕方式的女性比選擇口服避孕藥的人數還多。

現在使用的IUD有帶銅的T型宮內節育器，與釋放荷爾蒙藥物的緩釋宮內節育器。雖然裝置費用高，但就長期使用換算下來可能還更便宜。據說在中國，帶銅的T型宮內節育器的使用率超過九〇％，避孕效果幾乎跟結紮一樣高。

植入ＩＵＤ會使經血量顯著減少，可以預防經血流失的缺鐵症狀，去除後會立即行經，快速恢復懷孕能力。能減少經痛與經前症候群，也能減少因為子宮內膜異位、子宮肌瘤與子宮肌腺症所造成的經血過多。

植入後，需要定期檢查ＩＵＤ是否在原位置上，在最初的三個月內可能會有少量出血的情形。但經過三個月的適應期後，大部分的不適症狀都會消失。

二、植入皮下避孕器

是一種含荷爾蒙的棒狀避孕器，由醫師植入女性手臂內側，效期為三年，隨時都能再請醫師取出。

皮下避孕器能讓子宮頸的黏液變黏稠，防止排卵，具有長期的避孕效果，也沒有雌激素造成的副作用。只要摘除馬上能恢復懷孕能力，具緩和、改善經痛的效果。

皮下避孕器可能會導致月經週期的變化，或是有不規律出血的情況，但可以在與

醫生商談後摘除。植入的部位可能會有輕微的刺激感、疼痛感與搔癢。費用較高，但能長期使用，避孕成功率高，算是蠻符合經濟效益的選擇。

永久性避孕方式：節育手術

輸精管結紮是男性的永久節育手術，以切割或綁住輸精管來阻止精子移動，藉此達到節育效果，這個方法不會影響睪丸的荷爾蒙分泌及精子生成，只是無法透過輸精管射精，而會被人體吸收。

精液中含有精子（二到五％）、精囊液（六五到七五％）與前列腺液（二五到三〇％），因此即使沒有混入精子，射精量也幾乎不會有變化。不過輸精管結紮是永久節育手術，難以逆轉，因此手術前一定要深思熟慮。

女性的永久節育手術則是輸卵管結紮，與男性相同的是透過切割輸卵管來阻止精卵結合；但不同的是，女性結紮需擔憂併發症，而且也比較複雜。

輸精管與輸卵管結紮都是永久節育法，因此只適合在確定已經不再生育時使用。

雖然根據許多研究顯示，永久節育手術不太會誘發嚴重的併發症，但就一個專家的立場而言，我會建議大家盡可能不要進行結紮手術。

實際上，有很多曾經進行輸卵管結紮手術的女性，後來都摘除了子宮，這是因為精子與卵子的生成與排出是相當自然的事情。如果沒有其他方法可以避孕，那就另當別論，但最近有效的方法非常多，因此我覺得還是選擇其他方式更合適。

04 在決定墮胎前該了解的

很遺憾的，世界上並不存在能夠百分之百避孕的方法。即使正確使用保險套，或是服用成功率高達九八%的口服避孕藥，還是可能會懷孕。幾乎可以說，只有禁慾才能達到完全避孕。

不過，也有不少現代男女因個人健康問題、環境賀爾蒙、氣候異常與生活方式改變等因素，面臨難以懷孕的困境，只能說關於懷孕與避孕，人類還無法戰勝神吧！

如果意外懷孕，女性能做的選擇大約有三種：一是生下來自行養育、二是生下來以後出養，第三種則是終止妊娠。意外懷孕時，不論選擇這三條路的哪一條，都不是件容易的事。就算已經結婚了這也是個難題，而對未婚女性更是如此。

反對墮胎的人強調「胎兒生命權」，但是我認為再也沒有人會比孕婦更迫切考慮生命的珍貴與重量。即便是在墮胎合法化的地方，墮胎依然是個非常兩極的議題。究竟是該保障胎兒生命權，還是女性的身體自主權，至今仍爭論不休。

不論如何，如果決定生下小孩，不論是自己養還是出養，都需要社會團體或政府機關的協助，在經濟不寬裕的情況下更是如此。

而終止妊娠的方法有二，一是口服墮胎藥，另一個則是手術。不論是吃藥或是手術，都是使子宮內膜剝落來終止妊娠，隨著孕期越長方法越難且費用越高。

一、利用服藥來終止妊娠

美服錠是終止妊娠的藥物，在許多國家已經安全的使用了數十年。適應症是「懷孕前期子宮內孕的人工流產」，指從最後一次生理週期開始數八個星期內。但美服錠在韓國並沒有販售，故無法取得[2]。

二〇二三年四月七日美國德州法院阻止美國食品藥物管理局（ＦＤＡ）對墮胎藥美服錠的批准，引發激烈辯爭，但美服錠的相對安全性是眾所周知，且現在也有很多國家都在使用。

不論如何，在韓國要購買美服錠相當困難，所以有些人會選擇海外代購，但風險是很難判斷是否是真藥。因此發生相當多荒謬的事例，像是有人吃了之後為副作用所苦，或是以為流產了，但實際上卻沒有。

二、利用手術來終止妊娠

第二個方法是選擇手術，若是懷孕初期，手術能在相對較短的時間內安全進行。但懷孕週數越大，對孕婦的心理、身體與經濟的負擔都會變大。

懷孕初期主要以子宮搔刮術或真空吸引術為主，懷孕中期後則必須使用不同的方法，此時必須使用像生小孩一樣的方法使胎兒和胎盤一起出來，懷孕週數越多對孕婦的身體越危險，因此如果決定終止妊娠，就各方面的考量都建議在初期進行。

在最後一次生理期日開始計算的十到十二星期內進行手術，不僅對孕婦較安全，費用也較低。但醫生們認為在懷孕五週以內不宜進行，因為胎兒過小，難以確定手術

2 譯按：我國法規規定是懷孕七週以內，美服錠則是四級管制藥物。

成功與否。根據婦產科醫生的建議，懷孕六到十週左右最適合手術，副作用也較少。

最重要的是，一定要在安全的醫院，由經驗豐富的醫師操刀。因為，醫生的經驗會影響術後恢復、子宮穿孔、子宮無力症、二次細菌感染，與習慣性流產等後遺症的有無，甚至有些人還會永久不孕。

再次懇切提醒大家，從決定性行為開始就應該積極、確實的避孕，絕對不要在沒避孕的狀況下發生性行為。

終止妊娠，對任何女性都是艱難的決定

就韓國的情況而言，在二〇一九年憲法裁判所認為現行墮胎禁令違憲（即禁止墮胎及懲罰進行墮胎手術醫生之相關條文，侵犯了女性的「自由選擇權」），國會開始進行相關修正案，但截至目前並沒有顯著的成果，令人感到無奈。

國會應該儘速修訂母子保健法與相關法律，才能讓女性到醫院安全的接受手術。為了防止非法醫療手術，更應該訂下合理的醫療費用，這才是國家應該扮演的角色。

但很可惜的是國家一直沒能這樣做，導致女性至今仍須經歷雙重痛苦。

Netflix 影集《性愛自修室》（*Sex Education*）中，有位叫梅芙的女孩，雖然採取避孕措施，卻依然懷孕了。梅芙選擇終止妊娠，並在沒有監護人的情況下一個人來到醫院等待手術，臉上的表情十分複雜。而與梅芙懷孕無關的男性友人歐帝斯，在手術期間一直在醫院外等她、安慰她。對梅芙來說，應該會對歐帝斯的體貼感到安慰吧？

雖然在韓國也多半是戀人陪同前來，但有不少的情況是女性獨自一人，或在同性友人的陪伴下，前來接受終止妊娠手術。

希望男性們能記住，一個人是無法懷孕的，所以不要讓戀人在下了這麼艱難的決定後，還要在身體與心理都不堪負荷的狀態下獨自去做手術。雖然懷孕這個結果是兩人造成的，但終止妊娠對女性的身體和心理都會留下比男性更多的傷痛。

即使是在懷孕初期就接受終止妊娠手術，在術後幾天內一樣需要攝取營養價值高的食物，努力幫助身體恢復。雖然內心可能會內疚或自責，但是對已經下的決定耿耿於懷只會讓自己更痛苦。

術後恢復期最少約兩星期左右，終止妊娠對所有女性來說都是很艱難的決定，因此除了身體的恢復，更要注意心理的復原。還有在術後絕對不能馬上發生性行為，要維持身體溫暖，不能提重物，不要讓身體太累。還有一直到下次行經為止都要按規定到婦科回診，確認沒有發炎症狀。

每次提到終止妊娠的問題，我都覺得很心痛。因為生命可貴是無須贅述的。不論是胎兒或是懷孕的她，所有的生命都很珍貴，也因此避孕真的非常重要。此外，如果社會能消除對未婚媽媽的歧視與偏見，並提供資源，我相信會有更多的女性選擇生下她們的孩子。

這點能從以下研究得到證實，研究表示，有無數曾做過人工流產的女性，她們竟然都知道，如果當初沒有做手術，她們的孩子今年幾歲了。

終止妊娠術前須知

* 選擇具專業技術與資格的醫生，並與醫生商議手術的可能性。若決定動手術，須填寫並提交相關的資料與手術同意書，同時應對身體狀況進行檢查。
* 術前應沐浴清潔，且術前 8 小時開始禁食。
* 穿著容易穿脫的衣服，摘除隱形眼鏡，不配戴飾品。
* 準備衛生棉及備用內衣褲。
* 最好在伴侶或監護人陪伴下進行。

終止妊娠術後須知

* 若有嚴重腹痛或出血情形，應儘速就醫。
* 應服用醫院處方的抗生素與子宮收縮劑，並在規定日到醫院回診。
* 除醫院回診外，術後兩星期內盡量不要答應邀約外出，應事先排開行程。多攝取高營養的食物並維持心情穩定。
* 與醫生討論避孕方式。
* 性行為或泡澡等最少要在術後兩星期之後再進行。

05 關係穩定後再迎接新生命

「請不要創造蜜月寶寶！」這是我在婚前教育與未婚的性教育課程中常說的一句話。每當我這樣說，聽課的同學們總是一臉驚訝。

我對於年輕情侶婚後馬上懷孕，或是婚前懷孕的現象真的很擔心。近來，在戀愛中發生性關係或同居的人變多，因此也有很多人是懷孕後才開始準備結婚。

雖說能在生下孩子前結婚真的是萬幸（對還有戶籍制度的韓國來說），但還是要先度過一段時間的婚姻生活後，在心態、關係穩定的條件下再懷孕比較好。

就算已經交往多年，在戀愛時，我們還是會習慣表現出最好的一面，隱藏缺點就很難看見彼此的真實模樣。而婚姻生活則不同。結婚是同住一個屋簷下、每天一起吃喝拉撒，所以多半的人都會在結婚初期發現伴侶的另一面，並且感到不知所措。

結婚後要經歷三階段的適應期。第一階段是與伴侶彼此相互了解，第二階段是熟悉伴侶身邊的環境與文化，即雙方的家人、朋友與職場等。最後階段則是在兩人的歸屬感與親密感都到達一定程度之後，迎接新生命，開始新的父母關係。

第一階段：相互了解

結婚或同居後很容易因為小小的生活習慣而爭執，像是襪子脫下來沒有翻面就隨便亂丟、牙膏有沒有從底部開始擠，或是使用完浴室有沒有把地板擦乾等，這些都會變成夫妻吵架的導火線。

如果在對彼此都不夠了解，對環境也還不熟悉的時候，就突然有了孩子，兩人便會陷入進退兩難的局面。

問題是，女性在懷孕時本來就會在身體與心理上同時經歷巨大變化，在這樣的身心條件下，要怎麼接受這些問題呢？本來為了適應陌生的生活圈與生活習慣就承受了很大的壓力，若此時還要承擔為人父母的責任，簡直就是雪上加霜。

在新婚時，應該多聊聊彼此的生活習慣、夢想、價值觀與人生觀，以相互理解來延續戀愛時的甜蜜。這時累積的情感，能成為未來倦怠期或是婚姻生活疲累時的力量，所以在第一階段一定要創造很多的回憶，將兩人的甜蜜存摺存滿愛戀。

第二階段：熟悉伴侶身邊的人事物

在結婚初期，會開始慢慢了解彼此的家族關係與文化、原生家庭的經濟關係、家事分擔等，並從中建立、協商夫妻間的生活準則，這也是相當重要的。

我經常看到有些人，因為身邊的人總是說一些婆家或岳家的壞話，把原本能好好相處的關係搞得一團糟。最近，甚至有很多人公然表示結婚後住得遠一點，互不干涉才是美德。

但父母與子女間真的有必要搞到如此恩斷義絕嗎？結婚，是兩個成人從家庭中獨立出來，並開始新的人生，而雙方父母尊重兩人的愛與生活是最基本的。

此外，我也希望大家能記得，眼前你深愛的這個人，如果沒有他的父母、兄弟姊妹的愛，就無法成為現在的他（她）。最重要的是，應該要以正面的態度去面對伴侶身邊的人事物。

最後提醒，婚姻是夫妻兩人合力創建的小王國，因此婚後應把與配偶的關係放在第一位。

第三階段：適應新的父母子女關係

最後一個階段是夫妻準備迎接並適應家庭新成員的加入，也就是上天給夫妻最美的祝福——孩子的到來。

雖然相愛，但還是應該等夫妻變得更親密，並適應彼此的環境後再準備成為父母。孩子雖然是借著我們的身體出生，但他是完全獨立的個體，而父母應該將他教育成一個好人。若孩子在身心都做足準備的父母所組成的家庭中出生，就能得到滿滿的愛，並且長成一個健康且自尊自愛的人。

近來，有不少人在三十五歲後才結婚，因此就算是第一胎也是高齡產婦，所以非常擔心。但其實現代人的健康和營養狀態都比以前好，只要接受檢查並好好保養身體，懷孕與生小孩並非難事。

很幸運的是現在聰明的年輕夫妻、準父母們，從決定要開始備孕，就會遠離菸酒並規律運動，以健康的身體做好準備。

我經常對即將邁入禮堂的準新人說：「毫無準備就生小孩，等於是在家裡裝了個炸彈。」雖然這個比喻稍嫌誇張，但也同樣表示小孩會為婚姻生活帶來極大的變化。先不說孩子帶來的喜悅與幸福感，光是育兒就需要身心與環境的準備。

在爸爸媽媽都已經充分做好迎接新成員的準備後再懷孕，孩子才能在安全的環境中幸福成長，而父母也才能感受養育的喜悅。因此，極力奉勸大家一定要在夫妻雙方彼此信任、幸福且有歸屬感後，才迎接新生命的到來。

關於性病

「最近，我跟交往了六個月的男友發生了關係。我是第一次，但在那之後我的下面就長了水泡，痛得連坐都沒辦法好好坐著。去醫院檢查後，醫生說這是皰疹。皰疹不是無法根治嗎？我該怎麼辦？」

前來找我諮商的女生在我面前崩潰痛哭，最後跟否認自己有性病的男友分手了。

性病，是指因與罹患性病的人有性接觸（陰道、肛門、口腔性交），受傳染而得到的病。但這不表示得到性病的人，男女關係就一定混亂（雖然的確是性愛伴侶越多，感染機率越高），而是因其與感染了病毒、細菌或寄生蟲的人性接觸而傳染，也就是說，只要一次的性接觸就可能染上性病。

性病由來已久，最多的感染途徑是性接觸，此外也會透過非性接觸途徑傳染，像是共用注射器具、輸血、懷孕垂直感染、餵母乳等。

全世界罹患性病的人口正在增加，像是近十年罹患梅毒的日本年輕女性增加了十倍，英國的淋病也比二十二年前增加了五〇％以上，尤其是新冠疫情流感化後，韓國感染皰疹與披衣菌的人急遽增加，真是令人憂心不已。

一、淋病

淋病是連《舊約聖經》中都曾提及的性病，大概是最古早的性傳染病了吧！它的病原體是淋病雙球菌，會棲息在溫熱潮溼的地方，像是尿道、陰道、直腸、嘴巴、喉嚨與眼睛等。

如果在性行為時不只插入陰道，透過口交或肛交也會傳染到嘴巴與肛門，甚至可能引發男性尿道炎。感染後會出現黃色的分泌物，尿道口會有灼燒感，小便時會有明顯的疼痛感。

有一〇到三五%的男性是無症狀者，但無症狀時還是具有傳染力。若是不接受治療，可能會引起前列腺和副睪丸發炎，甚至可能導致不孕。

相對於大部分的男性都能明顯感受到淋病的痛苦症狀，女性則有許多人都是無症狀，或是在初期僅有分泌物增多的現象，所以傳染的人如果不主動告知，女性可能會在不知情的狀況下，再度傳染給其他人。

淋病就像乒乓球一樣，會一直來回傳染，而女性就算沒有症狀，淋病菌也會蔓延到子宮與輸卵管，可能會產生腹痛與發炎症狀，嚴重可能會不孕。

若孕婦感染淋病，則可能會在生產時感染嬰兒的腦部，進而導致嬰兒失明。因此，如果確診淋病，一定要接受治療到完全痊癒為止。

二、披衣菌

披衣菌是近來最常見的性病之一，罹患的人比淋病多。

感染披衣菌的人當中，幾乎九〇%以上的女性與大部分的男性都不會有症狀，因此如果有性行為的人，一定要每年定期接受披衣菌檢查。

如果不治療，男女都有可能導致不孕，女性還可能會因為輸卵管受傷，而增加子宮外孕的危險性。此外，如果孕婦感染披衣菌，在生產時可能會感染嬰兒的眼睛、鼻子與咽喉。

三、梅毒

據說哲學家尼采（Friedrich Nietzsche）、畫家梵谷（Vincent Van Gogh）與高更（Paul Gauguin）等名人都是罹患梅毒而亡，因此大家都對梅毒有著莫大的恐懼。梅毒並不是已經消失在歷史上的疾病，而是至今仍有許多人被傳染的病症。

梅毒不經治療可能導致死亡。尤其是梅毒菌感染力強，有傷口的人只要摸到感染者發炎的傷口，就有可能受到感染。

感染梅毒可分成四期，第一期為感染二到四星期後，陰莖、子宮頸、嘴唇、舌頭與肛門等部位會有無痛性潰瘍（硬性下疳[3]）或淋巴腺腫大。此時傳染性強的病菌會引發潰瘍，但因為沒有疼痛感，所以多數人不會去治療。

潰瘍的情況會在約十天後消失，但即使潰瘍消失了，細菌會隨著血液擴散到全

身，而梅毒第二期則是在潰瘍消失後二到八星期內出現，此時手掌、腳掌或全身搔癢，會出現不痛的紅斑，也會出現咽喉痛、持續低燒、噁心、食慾不振與脫髮等症狀，但也有無症狀的情況。

此後開始進入第三、第四期，也就是無症狀潛伏期，不會有症狀也不會傳染，但病毒會在體內攻擊心血管、腦與脊椎。

末期梅毒可能會引發嚴重的併發症，潰瘍導致皮膚或心血管系統出現嚴重損傷，嚴重可能會死亡。此外，胎兒也會從母體感染梅毒。

四、單純疱疹病毒（HSV）

皰疹是經由皮膚傳染，可分成出現在嘴邊的第一型與性器官的第二型。先前普遍認為第一型和第二型是各自透過親吻或性行為傳染，但現在已經確認這兩個類型會交叉傳染，甚至在沒有水泡或任何症狀的情況下，病毒也會侵入神經而感染。

3 編按：疳，音ㄍㄢ，中醫上指局部潰爛、化膿的症狀。

一旦性器官出現症狀，不僅會造成排尿困難，甚至會連坐著或行走都苦不堪言。如果手部接觸感染皰疹的部位，再碰觸到眼睛，就會有失明的風險，因此觸碰過感染部位後一定要洗手。

此外，若是孕婦感染皰疹，並透過陰道自然生產，傳染給嬰兒的機率高，因此建議選擇剖腹產。如果脣周有皰疹時，不建議與他人親吻或愛撫等親密接觸。

單純皰疹病毒一旦感染，就會一輩子隱藏在人體神經中，在免疫力低下時就會再次出現，只能對症治療卻無法根治。因此，如果曾經罹患皰疹，一定要做好健康管理，注意不要讓皰疹復發。

五、人類乳突病毒（HPV）

人類乳突病毒與披衣菌可說是現在全世界最流行的性病，在韓國也是一樣。這個病毒會誘發尖銳溼疣（又稱菜花），患處會搔癢、疼痛，伴隨著出血的症狀。

男性的症狀多半會出現在陰莖、陰囊與肛門周圍，也會長在尿道內；女性則多是在子宮頸、陰道壁、外陰部與肛門。人類乳突病毒不只會感染陰道，甚至還會傳染給嬰兒。此外，女性若感染HPV病毒，罹患子宮頸癌與外陰部癌的風險也會變高。

幸運的是，現在已經有了疫苗，且對男女均有效，還能預防子宮頸癌、肛門癌、口腔癌與咽喉癌等。總共需接種滿三劑才能提供完全的防護力，因此建議未滿十二歲的青少年接種[4]。

不只如此，疫苗對於現在有性生活的男女亦有預防之效，先前在韓國也曾經作為預防子宮癌的疫苗鼓勵民眾接種。這個病毒不僅困擾女性，也會誘發男性的咽喉癌風險，因此近來為了呼籲男性接種，又把它稱為人類乳突病毒預防疫苗。

六、人類免疫缺乏病毒（HIV）與後天性免疫缺乏症候群（AIDS）

人類免疫缺乏病毒（又稱愛滋病毒）自一九七〇年代起源自西非，並於一九八一

4 編按：根據我國衛福部國民健康署網站資訊，HPV疫苗可分為二價、四價及九價（價數表示可預防之HPV型別數量），保護力根據不同價數至少可維持八到十二年。該疫苗對九到十四歲尚未進行性行為且未曾感染過的女生接種較有效益，國健署自一〇七年十二月底開始，全面推動國中女生接種疫苗的服務，並於今年七月九日宣布已編列預算，最快於一一四年九月可擴大至國中男生。

年在美國被發現，而後又發現了後天性免疫缺乏症候群（又稱愛滋病）的患者，因此全世界開始陷入了恐懼之中。

愛滋病毒是透過與感染者的體液交換而傳染，這裡的體液指的是血液、口水、汗水、母乳、精液與陰道分泌液。但截至目前為止，尚未發現經由口水或汗水感染的案例，因此病毒主要還是透過血液、母乳、精液與陰道分泌液感染。

感染途徑為與患者性接觸、接觸到被感染的血液（共用注射器或輸血）、女性感染者透過生產或餵母乳傳染給嬰兒等，並不會經由像是共用衛浴、一起吃飯或擁抱等日常生活傳染。

以前雖然有感染者因為輕微的疾病致死的可怕案例，但現在只要遵照醫囑、按時吃藥就幾乎不需要特別擔心。大家對愛滋病的認識，已經從可怕的致死性病轉變為慢性疾病，所以反而現在都致力於不對愛滋病患者標籤化，並應保護患者的私生活且平等對待他們。

除了上述，性感染病還有A、B型肝炎與因寄生蟲感染的陰蝨與疥瘡等。

罹患性病，怎麼辦？

* 應即時接受治療。
* 確認痊癒前，應禁止性行為。
* 應立即通知性伴侶，並一同接受檢查、治療。以免再次感染。

最重要的是，要注意與性伴侶維持安全健康的性生活。若是發現可能罹患性病時，一定要儘速就醫，積極接受治療直到完全根治，並注意不要傳染給他人。

出現性病症狀時，若僅一人前去治療，很容易再相互傳染。此外，罹患性病的人很容易會從患處感染其他性病病菌，這點一定要特別注意。

輕忽不得的陰道炎

對女性來說，陰道炎就跟感冒一樣常見。幾乎每位女性，一輩子一定會得幾次。陰道炎好發於身心均衡被打破、免疫力下降時。

一般來說，陰道中有乳酸桿菌（Lactobacillus）之類的常見菌種，維持陰道內的酸鹼值在四到五之間。

當這些菌無法維持正常的生活環境時，就會誘發陰道炎，原因諸如壓力、營養失調或環境荷爾蒙影響、疲勞、攝取過多糖類、過度使用陰道清潔劑或清潔劑不慎流入陰道中、內衣褲潮溼、褲子過緊過悶、陰道內有異物或糖尿病等。

這些都會打破陰道內菌種的平衡，導致陰道發炎。如果陰道內的正常菌不足，連續三個月以上充分攝取含乳酸菌類的益生菌會有所幫助。

陰道炎的症狀，多半是排尿不適或疼痛、搔癢、有異味或是分泌物顏色異常等。隨著感染的菌種不同，分泌物顏色可能會出現紅色或藍色，外陰部也會浮腫或變紅，嚴重時外陰部與陰道會出現水泡與潰瘍症狀。

雖然青少年與更年期婦女也可能會罹患陰道炎，但主要還是有性生活的青壯年女性（處於正常排卵期的女性）較常見。陰道炎也和性病一樣，需要男女一同接受治療，不過幾乎都很容易就能根治。

一、滴蟲性陰道炎

滴蟲性陰道炎一般透過性接觸傳染，在感染後四天至一個月內會出現症狀，像是嚴重的陰道搔癢，並伴隨有異味的黃綠色泡沫狀分泌物，也可能會有性器官疼痛、排尿疼痛或下腹疼痛等症狀。

因主要透過性接觸傳染，且男性也有感染風險（多為無症狀），確診時男女應一同治療。

二、白色念珠菌陰道炎

白色念珠菌陰道炎多半是因為酵母菌感染，非常容易復發，會造成下體嚴重搔癢，且會有類似起司塊狀般凝固的分泌物。

雖然也會經由性行為傳染，不過也常好發在懷孕或糖尿病患者身上，因此大都不是經由性行為傳染。

像是第一次服用避孕藥時，也會因為荷爾蒙變化而造成白色念珠菌感染，或是使用香味太重的女性用品、過度清潔陰道內部，以及使用大量抗生素都有可能。

男女均有白色念珠菌感染風險，也會透過口交傳染，因此確診時應男女一同就醫接受治療。

三、細菌性陰道炎

細菌性陰道炎是由多種細菌感染引起。若未正常使用保險套，則有可能將細菌帶進陰道，破壞酸鹼平衡導致感染。如果過度清潔陰道內部，罹患細菌性陰道炎的風險很高，因此陰道清潔最好只以乾淨的水清洗外陰部即可。

細菌性陰道炎會導致私密處散發腥味，尤其在性行為後會更明顯，並能發現不正常的分泌物。復發率高，且會引起骨盆腔發炎、子宮內膜炎、早產、早期破水及產後子宮內膜炎等。不過因為不會傳染，所以不需要男女一起治療。

四、膀胱炎

膀胱炎雖然不是陰道炎，但因為女性的尿道比男性短，所以膀胱炎也是女性經常會發生的困擾。

為了避免感染，排便後應由前往後擦拭，清洗時亦是。膀胱炎亦好發於第一次性行為後，因此在事前，雙方都需要將身體，尤其是手與性器官清潔乾淨才行。

主要症狀是解尿疼痛，排尿後依然感覺到尿意，還有可能會伴隨下腹疼痛。

健康的陰道保養法

* 不要在性器官上噴除臭劑。
* 避免泡泡浴，定期沐浴、泡澡，勿與他人共用毛巾。
* 保持外陰部乾燥並穿著棉質內褲。
* 避免穿著過度緊身的褲子。
* 勿使用帶有香味或顏色過重的女性用品。
* 排便後應由前往後擦拭，清洗時亦是。
* 若需使用潤滑劑，應使用水溶性產品。
* 務必使用保險套。
* 盡量減少壓力，注意營養均衡與充足睡眠。

口交會不會得性病？

因為《捍衛戰士》（*Top Gun*）、《蝙蝠俠3》（*Batman Forever*）等電影而廣為人知的好萊塢（Hollywood）電影演員方・基墨（Val Kilmer）在二〇一七年傳出罹患喉癌的新聞。透露出這個消息的人，就是曾經自曝罹患喉癌，並經過痛苦的放射線治療後痊癒的美國演員麥克・道格拉斯（Michael Douglas）。

麥克・道格拉斯在二〇一〇年時表示，自己之所以得到喉癌是因為「口交」，在媒體訪談中暗示自己的妻子是ＨＰＶ帶原者。這個爆炸性發言不只震驚全球，也讓妻子凱薩琳・麗塔—瓊斯（Catherine Zeta-Jones）對他提出分居宣言。在這之前，兩人是羨煞眾人的神仙眷侶。

麥克的發言就個人層面來說，不僅使婚姻陷入危機，也使得喜愛他的廣大影迷失望。但就保健學的角度來看，能喚起大眾對性病的重視，還是必須給予肯定。

口交，一如其名就是利用嘴巴與性器官來完成的性行為，使用比想像中更柔軟且更強大的口、舌來有效的滿足對方，因此很多人很熱衷於這樣的方式。而且，因為沒有懷孕的風險，年輕男女們也樂在其中。

女性以嘴巴來愛撫男性的性器官稱為吮陽（或吹簫），男性以嘴巴來愛撫女性的性器官又稱為舐陰。

口交真的安全嗎？

喜歡口交的人常對安全性誇誇其談，這實在很令人擔心。畢竟就算是那些擔心懷孕，而在進行插入式性愛時會戴保險套的人，在進行口交時，也往往沒有做任何防護措施。

口交是利用嘴巴和性器官的行為，因此暴露在性病病菌的風險極高。不僅如此，唾液中存在非常多細菌，甚至也很常會有些細小的傷口，因此口交容易得到喉癌、口

咽癌、口腔癌等，所以絕對不能輕忽。

此外，像是一輩子都無法根治的皰疹病毒感染，也很容易經由嘴巴與性器官的接觸而傳染。

正如前一章所述，皰疹有嘴巴與性器官兩種類型的病毒，而最近的研究也顯示這兩種病毒會交叉感染，也有許多研究顯示透過性行為傳染ＨＰＶ病毒，之後演變成口腔癌的機率很高。

根據報告，近來口腔癌的主要成因分別是抽菸、喝酒與ＨＰＶ病毒感染。ＨＰＶ病毒也是引發女性子宮頸癌的重要因素，主要透過性接觸發病。也因此性伴侶的人數越多，感染風險越高。

就男性的情況而言，雖然大部分都能根治，但還是有少部分人會引發喉癌、口腔癌、肛門癌、陰莖癌與尖銳溼疣等。

根據最近瑞典的相關研究顯示，口腔癌患者中有二五％與ＨＰＶ病毒有關，喉癌患者中也有三五％與ＨＰＶ病毒有深切相關。美國近二十年來喉癌患者暴增好幾倍，而其中相當多數都是因為ＨＰＶ病毒感染，這點需要我們特別注意。

所以說，雖然在口交時，將嘴巴與性器官清潔乾淨是最重要的，但是在不了解對方的性健康情況時，使用保險套或是口交膜（Dam，口交時使用的性衛生道具，小小的、由乳膠製成）來積極採取預防措施也是相當重要的。

不過，最重要的還是，在不清楚對方的性生活情況時，不要輕易發生性行為。

性行為是愛的表現，是想要更了解對方的幸福溝通方法，但是請不要忘記它同時也是與我們自己的生命、對方的生命，甚至是即將出生的新生命息息相關的行為。

第五單元

正確看待愛與性

自由且不避諱的聊性！

「聽到『性』這個字，大家會先想到什麼？」我在演講時或是課堂中，經常會這樣問坐在最前面的同學們。

被問到的人都會一臉「這麼尷尬的問題，要我怎麼回答？」或是「早知道就不要坐前面了」的表情，並語帶保留的說出：「就是男人跟女人那樣」、「神聖的」、「美麗的愛情」等回覆，而最近，幾乎有九〇%的人會比較直白的說：「男女之間的性行為」。

我之所以提出這個讓大家難以回答的問題，理由有二。

首先，我們經常說的「性」這個字，其實它的意思遠比「性行為」還更廣，但不知道從什麼時候開始，「性」幾乎就等於「性行為」的同義詞了。也因此「男女的性

別、發展階段、性生理、性心理、約會、戀愛、愛、性行為、分手、結婚與同居」等我們生活中的「性」，便不再被包含其中。

但是，所謂的「性」其實是包含這些概念的。性是我們賴以出生，而後生活並成長的全部，是統括一切的單字。性行為只是其中的N分之一。

而全世界都把「性」視作性行為，也使得性教育者、性工作者及性心理學家們面臨了難關，最後只能找一個單字來代替，那就是性向（Sexuality）。

另一個理由，是希望端正大家看待性的態度。

只要說到性（這裡指性行為）就好像覺得很丟臉，要不斷查看四周並感到羞愧，甚至會被當作是「低級的」、「下賤的」或是「被慾望所控制且不入流的」。

但是，性是人類的本能，而人類透過這個行為繁衍子孫、表達愛意並追求歸屬。如果想要隱藏，就會變成低級且隱密的禁忌，但若是健康的表達出來，它就只是生活的一部分，是可以光明正大喜愛的。

在定義了性之後，我又問：「那大家是怎麼來到這個世界的？」接著全場哄堂大笑，並說：「嗯……媽媽生下來的。在父母的愛之中誕生。」

然後我再次追問：「那你們是怎麼進入媽媽的肚子裡的呢？」

已經抓到問題精髓的學生們略顯尷尬的回答：「透過父母的性愛。」

沒錯。我們都是經由父母間的性愛來到世界上，因此性愛一點也不低級，也不需要感到害羞，更不需要隱藏，它就是一個健康的愛的表現而已。因為這個行為讓兩人更親密的結合在一起，這就是我們對於性應該要有的態度。

如果有人認為，聊到性就是低級且覺得對方是「放蕩的人」，那就是他對性的認知有誤。雖然不需要愛也能做愛，但絕大多數人都是在有好感且相愛的情況才會做。

當我們把性愛和負面想法及犯罪意識連結時，反而會因為這樣的強迫症心理而覺得整個社會變得很變態。

過去在維多利亞女王時期，英國要求國民遵守嚴格的性倫理。例如，嚴禁夫妻間非以生育為目的之性行為；在圖書館中，男性作家與女性作家的書需要分開陳列；甚至在女性面前，不能提到像是「腿」或「胸部」等字眼，而必須以「白肉（White Meat）」一詞來代替。

那麼，當時的英國真的純真且聖潔嗎？其實並沒有。反而因為隱匿而顯得更混亂，不僅是性交易最多、梅毒最猖獗的時期，甚至不倫歪風也隱藏在黑暗的角落不斷擴散。

試著說說關於性

「好，現在大家都吃飽了，那我們來聊聊性吧！大家應該都很關心這件事吧？」

在與數名好友或是閨密們聚會時，會有人這麼自然的提起和性有關的話題嗎？萬一真的有人這樣說，我想大家應該都會悄悄瞄一下周圍的人，並感到相當不自在吧！不，或許該說，大家根本很難想像會有人在公共場所這麼光明正大的談論性。

那麼，關於性的話題，最常在什麼時候被提及呢？幾乎都是在喝酒時。這個時候感覺大家都不太會記得彼此說過什麼，就用一種開玩笑的方式談論，但一旦開始聊起這個話題，所有人都會豎起耳朵認真傾聽，卻又一副欲言又止的樣子。

我們社會的性文化真的很奇怪。

表面上裝作若無其事，其實私底下性文化卻相當混亂，甚至還有些性交易業者明目張膽的設立在學校周邊，還到處發放一些印有半裸年輕女性照片的名片。「摸摸茶」、「按摩店」這類的地方，只要換個名字又能重操舊業，甚至從早上開始就播映著被稱為「不倫天堂」的狗血連續劇。

媒體對於性的態度就更奇怪了。談論健康的性話題時態度扭扭捏捏，反而年輕偶像如果有一些煽情的眼神或動作出現，就立刻精準捕捉，一邊裝作很擔心社會風氣的樣子，一邊卻又搧風點火的刻意渲染這些話題。甚至在許多報導性暴力或是性騷擾的新聞旁，滿滿都是有奇怪宣傳標語的裸女照片。

在幾年前曾被英國ＢＢＣ評選為最色情的國家還不夠，還被冠上「性生活混亂」這樣的關鍵字。沒錯，這個不論是在學校、家庭與媒體都無法光明正大用健康的角度談論性的國家，就是「大韓民國」。

不久之前，我有機會和德國重點報紙的記者見面，花了很長時間討論兩國間對性的看法。他表示，近年來德國青少年第一次性經驗的年齡較之前晚了兩到三年。

我詢問原因後，他回答：「最近德國很認真進行性教育。」**在德國，性教育的重**

要性就跟民主市民教育一樣，政府、地方自治團體、學校及家庭都一起積極推廣。媒體、學校與父母能光明正大談論性與避孕的國家，未婚媽媽的比例都很低，這也是為什麼性教育必須從小開始，而且應該具體且實際的實行。

社會要能自由且不避諱的談論性、能教導健康享受性的方法，人們才能更確實控制自己的「性」。在這樣的基礎下，對於無可奈何的意外事件，才能擴充社會的救助與基礎福利設施來好好處理。

我們從一出生就是性的存在。人類渴望愛、想要繁衍後代是天性與本能。若強迫大家隱藏這個本能或選擇閉口不談，甚至視為低級，反而會讓壞事像黴菌滋生般一發不可收拾。因為性本來就是最能刺激違反禁忌本能的第一名。

期許我們的社會能更活躍、更自由自在的談論健康的性。

自尊自重的身體意象

最近，有很多領域都十分強調「自尊自重」這個詞。所謂的「自尊自重」是指「自我尊重」，也意指「尊重並愛護原本的自己的心態」。

「自尊自重」的感受來自於小時候被重視的珍貴經驗。雖然在青少年時期，較容易受到外貌的魅力所吸引，而不愛惜自己原本的模樣，但成年後會因多樣的成就感，慢慢懂得愛自己。自尊自重同時也會左右一個人對自己身體的想法與態度，亦即能決定我們的「身體意象（Body image）」。

小時候不明白，等年紀漸長才知道臉龐與身體都反映著我們的價值觀，以及一路以來的生活點滴。身體意象是我們看待自己身體的外在與情緒的視角（想法與感受），但其實比起自己主觀認知，反而受他人影響的時候更多。

尤其生活在現代更是如此。我們的社會風氣喜好評價他人，因此想要憑藉著「自我意識」過生活絕非易事。也就是說，現代人無法隨心所欲的以自己想要的「身體意象」活著，而且社會上也會要求特定的身體意象。

社會的身體意象，就像時尚一樣快速變化著，對美的基準也一直變化。曾一度推崇極纖瘦體型，而後又轉變成追求極度豐滿的身形；有以雙眼皮大眼睛為美的時代，也有喜愛狹長單眼皮的時代。也因此，我們總是不斷努力、試圖維持自己的身體意象。如果不這樣做，就容易因追逐流行的變化而感到不安、心慌。

身體意象在愛的所有過程中，都是相當重要的。只有能肯定並愛惜自己的人，在愛的面前才能堂堂正正的展現自己，也才能愛護、珍惜對方身體的全貌。

如果總覺得自己的臉或身體不夠好，就會常常懷疑自己是否有被愛的資格，並且當關係破裂時，很容易會試圖從身上找原因。導致就算不是因為外貌而分手，在分手後也會執著於整形或減肥。

一味追逐社會流行的身體意象的人，很容易隨意評價自己所愛的人的身體並試圖改變對方，反而很容易讓彼此受傷。一定要理解，所有人都是獨特的個體，並且愛這個獨特的自己，這樣才會有去愛人的能力。

自愛且自信的人，並不會因為他人的評價或流行而輕易動搖。真的沒必要在意那些根本不了解也不關心我們的人，更不用以他們對美的看法與價值觀來困住自己。要相信、理解自己，對於真心的稱讚、批判和比較，留在心中細細衡量即可。

真正的比較，應該是與過去的自己，無須和他人比較。知道自己的缺點就努力補足，若受到他人的誤會、指責，也不需要為此憂鬱或感到自責。

整形，就像渡過一條無法回頭的河

不知道從什麼時候，韓國開始以「世界第一的美容整形率」而自豪，而人們要以出生的樣貌好好成長並終老，變成一件很困難的事情。

延續年輕女性的整形熱潮，連青春期都還沒結束的年輕少女，為了未來不會被比對小時候的照片取笑「整形前、整形後」，都提早在臉上動刀了。甚至，連進入五十知天命的中年男女也開始加入整形大軍的行列。

不論是打肉毒、玻尿酸與法令紋除皺，所有整形技術都有副作用。人們覺得很普遍、簡單的這些手術，一旦發生問題，不僅多次的重建手術也無法彌補，還可能會永遠無法恢復原樣。這些案例其實都很容易就能找到相關資訊。

此外，美國食品藥物管理局勸告：「所有使用填充物的手術，都應以十年為週期替換。」但韓國整形界卻經常無視此建議，實際上，沒聽過這樣醫囑的人不計其數。

起初，整形是為了某些機能出現問題的人所進行的手術，現在則是為了符合社會大眾對「外貌的追求」，在根本沒怎樣的地方動刀。

美容整形的範圍從眼睛、鼻子、嘴巴、下巴等臉部，擴及到陰道緊實手術、G點注射[1]、陰莖增大手術等性器官上。特別是女性的性器官整形，都不是基於恢復機能，而是幾乎接近毀損性器官的程度。

我認為，現在美容整形行業之所以這麼興盛，最大的原因是醫療界與媒體盲目跟從商業主義隨波逐流，還有教育缺失導致個人缺乏自尊自重的心而造成的。

1 編按：在G點注射填充物，藉此擴張範圍與豐盈程度，增加接觸面積，進而獲得更強烈的性快感。

整形，就像是渡過一條無法回頭的河。就算不怎麼滿意，但其實人們原生的臉都存在著一定的協調感。如果把小眼睛弄大，之後就會發現嘴巴和鼻子也需要進行調整，五官才會協調。這也是為什麼整形幾乎沒有一次就能結束的原因。

每次我在電視上，看到那些反覆進行手術或是注射肉毒、玻尿酸的面孔，他們失去了自己的獨特美，甚至也失去了多樣的表情，真的感到很惋惜。整形，也讓滿大街的人外貌都極其相似，根本分不清誰是誰，這也是相當奇怪的一點。

地球上有約八十億人，每個人都有其獨特的個性，我希望大家不要忘記，在這八十億人口中，每個人擁有的面貌都是唯一且具有獨特個性之美。

變成韓國全民運動的減肥瘦身

調整體重，準確來說是瘦身減肥，相信應該所有人都做過。

在韓國，幾乎可以說是從五歲的孩子到七十歲的老人家都深陷減肥熱潮中。本來減重是「為了擁有健康身體所做的飲食調整」，在韓國卻變成了「瘦身」的代名詞，不只要求骨瘦如柴，還要有完美的S形曲線，這是多麼自相矛盾的要求啊！

那些擁有大眾憧憬的夢幻身材的藝人們，實際見到本人時，都會覺得她們瘦到令人擔心的程度，因為電視有放大的效果，而瘦會讓人看起來更年輕，因此藝人們才拚命維持纖細的身材，然而人們卻憧憬並想擁有這樣的身材。

雖然其他國家也不是沒有減肥現象，但韓國的情況比較嚴重。

在國外，可以看到體型不只是微胖，而是已經可以稱上豐滿的女性，她們自信、自在的展露自己的身體，正大光明的與戀人一起度過愉快的時光。

在韓國，女性要鼓起極大的勇氣才敢穿上比基尼；但在國外，女性卻能毫無顧慮的穿上它，不論年紀與身材，想穿就穿。

或許單就這一點來看，瘦身減肥應該還稱不上是全球女性的共同追求吧！

女性減肥比男性難，因為女性的身體組成原本就是脂肪比較多，再加上左右女性性徵的荷爾蒙，也就是雌激素的影響。女性如果過瘦，身體也會發出警訊，像是生理期停擺就是身體衰弱危險的訊號，所以月經才沒來。

最近，網路上很容易能看到這類貼文，像是「目標三十三公斤，尋找減重同好」，而追求病態、極瘦身材、「促厭食」（pro-ana，promotion of anorexia的縮寫，指崇尚極瘦身材並鼓吹厭食的行為）的青少年也越來越多，我真的感到無比憂心。

像這樣鼓吹吃了又催吐、上傳分享強調極瘦身材的浮誇照片，以及服用抑制食慾藥物的行為，如果不斷持續，首先要擔心的是可能會因為胃酸逆流而損害牙齒和食道的健康，或是會有甲狀腺機能低下與月經不順等問題，甚至還可能會演變成精神醫學上真正的厭食症，嚴重還有死亡的風險。

就像女人想要變瘦一樣，男性們熱衷變成肌肉猛男。好像覺得要像古羅馬劍鬥士一樣，擁有渾身的腱子肉才是男子漢的象徵，因此經常可以看見男性們為了擁有「巧克力腹肌」、「健壯的背肌」及「有力的手臂肌肉」而過度運動的情形。

關注健康並認真運動是好事，卻需要認真思考，這樣做的目的是否只是為了打造渾身肌肉感，也要檢視自己是否為了肌肉身材而過度執著蛋白質的攝取。

甚至有很多人，為了得到肌肉型身材而使用類固醇等藥物，這種藥物雖然能幫助打造肌肉，但副作用卻是可能造成陽痿、睪丸收縮、精子數與活動力不足、血壓增高及心臟疾病等。在精神上也可能會引起不安或是增加攻擊性，絕對不能濫用。

人類最基本的慾望就是性慾和食慾，但現在社會卻不遺餘力的在抑制這種本能，這種社會暴力讓人們的價值觀與生活變得扭曲，最後導致整個社會都病了。

如果為了自己嚮往的某種身材，而開始害怕吃東西，或是吃東西會有罪惡感，請儘速就醫尋求協助。若還沒到這個程度，卻為了追求某種身材而不斷的過度減肥，希望大家能好好想想，這樣做究竟是為了誰？又為什麼要這樣做？

頭髮沾到東西，你會洗乾淨還是剃光頭？

「我想要去做巴西除毛，可以嗎？」每到夏天，就會收到很多關於除毛，尤其是巴西除毛的詢問。最近就算不是夏天，人們穿著露出大量肌膚的衣服的機會變多，因此不分季節都對「除毛」有著高度關注。

以前曾經有過將茂盛的鬍鬚、腋毛、胸毛、腿毛視為男性象徵的年代（果然身體意象是相當百變的！）因此，即使是臉上無毛的男學生也常常刮鬍子，希望能藉著刺激毛囊，長出粗硬的毛髮，甚至還有人會畫上黑色的陰影，來假裝長鬍子的樣子。不過，現在的趨勢是不論男女都追求光潔無毛，且不只韓國，全世界都是。

在韓國，對女性來說，將除了頭髮外的其他毛髮展現在眾人前是一種禁忌，因此，為了讓雙腿看起來光滑，也會定期刮除腿毛，最後演變成陰毛也要處理，而且不只是蜜蠟除毛而已。

在韓國，雷射除毛已經流行很久了，尤其是除毛後不僅可隨時去游泳[2]，也不用擔心穿著較裸露的泳衣時，陰毛會不小心跑出來見人。也不知道從什麼時候開始，將外陰部一直到肛門的毛全部去除的巴西除毛，又稱「私密處全除」，大受歡迎。

人類的毛髮都有各自存在的理由，尤其是陰毛，不僅能保存體味來誘惑另一半[3]，也能減緩性行為時，因肌膚摩擦所產生的疼痛感。

有些學者認為陰毛是為了顯露出已經成熟的訊息，不過現代人不再衣不蔽體，這個理由的實用性也跟著消失了。無論如何，毛髮都擔任著保護該部位肌膚、維持體溫、以皮脂腺分泌的油脂來維持保溼的功效。

雖然也有許多人認為除毛後，女性在經期就不用擔心經血會沾到陰毛，所以較乾淨衛生，但就性學專家的立場來看，我暫時對這個言論持保留看法。總之，目前我還是將除毛視為一種流行。畢竟，頭髮如果沾到東西時，頂多就是用洗髮精洗乾淨就可以了，有需要剃光頭嗎？

我經常聽到因為做了巴西除毛而引發嚴重的毛囊炎，如此苦不堪言的事例。在毛根處長出膿皰，又癢又痛，需要長久服用消炎藥才能減緩。而除毛時，會在肌膚表皮層留下傷口，很容易引發感染。如果大家還是想做巴西除毛，一定要去會確實對手術道具進行消毒的安全、衛生的地方。

在做了巴西除毛後，一直到新的毛髮長出來前，要特別注意毛髮向內倒生的狀況。此外，若是除去陰毛，藉由性行為感染HPV、皰疹或尖銳溼疣等性病的機率會變高，這一點是相當肯定的。

就醫學上來看，除毛百害而無一利，而我也是抱持一樣的看法。

2　編按：蜜蠟除毛約可維持三到六個星期，視個人毛髮生長速度而定；雷射除毛則屬於半永久性除毛，可長期且穩定減少毛髮量，即使再長出來，也是不易看見的細毛。

3　譯按：人類的體味能散發性的訊息，而陰毛能使這些體味留存在身上較久的時間。

N號房聊天室，不可原諒

幾年前，有個很有名的年輕男藝人，因為在自己經營的夜店裡偷拍並犯下強姦罪刑而入獄，現在已經被釋放了。在那間夜店中，女孩們吃下藥後不省人事，隨後遭受殘暴的性侵害。他們還將過程拍成影片，取名為「強姦影片」並到處流傳。甚至還為性交易中介，這些暴力行為簡直令人髮指。

此外，也有韓國人在美國架設伺服器，在國內住宿設施架設隱藏攝影機，拍攝多達一千六百多個人的私生活與性關係的影片，並放在A片網站，以付費的形式傳播這些偷拍影片，後來也被揭露了。

到了這個程度，韓國應該可以稱得上是「偷拍天堂」了吧？而後還有被稱為「N號房」的聊天室，拍攝並傳播年輕女孩像奴隸一般被虐待的影片，後來主嫌與共犯也被逮捕（不過我認為比起他們犯下的惡行，他們遭受的處罰實在太輕）。

他們的行為，就像是躲在陰暗的角落裡虎視眈眈的挑選獵物，奪走獵物的生命並當作戰利品來展示一般。

在節目中，以矯飾過的臉孔來誘惑追隨自己的女性、與她們發生性關係，再將這些過程拍下，然後在聊天室中當作戰利品來炫耀，並繼續瞄準下一個獵物，恣意品評、分享。這些性行為是極度的性暴力，他們被扭曲的男性價值觀所禁錮，完全沒考慮被害者所遭受的傷害。**以暴力來獲取征服感，是愚蠢且卑劣的**。

不僅如此，還有很多人拚命的想找出那些偷拍的性愛影片，甚至也有人冠冕堂皇的說：「拜託！這哪有什麼，我和我女友也會拍啊！」這些人大多數都是在職場、學校及路上隨處可能會碰到的普通男性，所以我才更加擔心。

演變成今天這個局面，大概是因為最近韓國社會蔓延的性別歧視、對暴力感受的遲鈍，以及放棄道德教育所致。

男女相互敵視，透過電視、電影與A片等媒體將性商品傳播到整個社會，人們因而逐漸對性暴力與性虐待反應遲鈍、不以為意。而在家庭或是社會中沒有值得尊敬的模範，缺乏健康且正確的性教育也是一大原因。

不知道會不會有人說，他們的行為是因為「男人不能控制性衝動」而造成，但就暴力層面來說，強姦與之後的偷拍、散布等行為都不是「性慾」，而是「攻擊性」。

大部分犯下強姦罪行的都是被害者認識的人，而非陌生人。因此，與其說是臨時起意，倒不如說是有計畫性的犯罪，甚至為了使受害者無法抵抗，還會使用酒或藥物，這是加害者「故意」犯下的惡行。

而像這樣以暴力的方式來溝通的人，多半是自尊心低、曾在身體上或精神上遭受父親或他人的暴力或冷淡、虐待的人，他們也認為女性應該服從男性。

若女性穿著性感的衣服或做出性感的舉措就是在勾引他們，甚至還將女性拒絕性行為的言行，扭曲的解釋成這些女性想要更強力的被壓制。

偷拍的人其實也是沉溺在強姦神話[4]中，他們都不認為對方是需要被尊重的人格體，而是可以被自己隨意褻玩的性對象，就這一點來看，**偷拍和強姦並沒有不同**。

那麼，對於被偷拍的受害者來說，最可怕且讓她們瀕臨崩潰邊緣的，究竟是什麼事情？那就是「不特定的多數人對自己的消費與嬉弄」。

哲學家尼采曾說：「碰觸性器官是最殘忍且可怕的暴力。」因為性是人類最底層的需求，若遭受侮辱與毀損，人類就會失去自尊心。所以，保有偷拍影片並觀賞的罪，其實與偷拍的人沒有什麼不同。

就算沒有惡意，但光是觀看偷拍影片並散布，對被害者來說就是嚴重的二度傷害。不，或者更應該說，這些人就是認同加害者的惡行並狼狽為奸的共犯。

性是與對方分享喜悅、表達並確認愛意的情緒溝通。但人們反而從社會中習得將性作為表現自己的力量、憤怒與敵對感的道具，這樣的社會真的很危險。

不論是以前或是現在，真正的男子氣概都不是以暴力來征服弱小，而是發揮健康且寬容的勇氣，擁有自己的獨立心。當有些男性做出歧視女性的言行時，請不要笑或是沉默，應該站出來阻止，不要和他們沆瀣一氣。

要做一個懂得理解性暴力被害者的傷痛的人，更進一步去體認男女應該是共同創造幸福與和諧世界的同伴，能引領這樣文化的男人才是我們期望且想愛的帥氣男人。

4 譯按：意指希臘羅馬神話中常有的場面。

跟騷尾隨不是示愛

二〇二二年九月，一位二十多歲的女性被跟蹤、騷擾了三年多，最後竟慘遭殺害。即便最近接連發生多起跟蹤騷擾殺人事件，但警察、司法機關與企業卻依然不將這個議題當作一回事。

這個事件，讓我想起幾年前我從一位女性那裡聽到的故事：

我跟交往一年左右的男友分手後，就開始被他跟蹤。一開始，他無法接受我們分手的事實，所以我試著說服他、安慰他，但他卻變得更執著。總是威脅我不跟他見面的話，他就要自殺，但如果跟他見面，每次都會被拖著走。

所以我開始對他的訊息視而不見，結果他竟然出沒在我家附近，會在那裡等我、跟著我、躲起來偷看我，晚上會打電話到家裡然後不說話就掛掉，感覺像是在表達「除了我，妳別想跟其他人在一起」。

我開始害怕一個人在家而求助家人。但因為這件事不是只發生一兩天，大家也都疲於奔命，漸漸變得習以為常。但我根本什麼事都做不了，甚至到了不管要去哪裡，都需要家人同行的地步，簡直快不能呼吸了。

所以當他再次出現時，我就去警局報案了。警察問：「他有打妳嗎？」我回答沒有。警察卻說：「如果妳只是不安的話，是不能處罰他的。回去吧！之後有事再來。」我真的很傻眼，因為他，我根本連出門都不行。警察說就算我再提告，這樣不嚴重的犯行頂多也是罰錢就釋放了。

他也因此知道警察不能拿他怎麼樣，而我又很害怕，他就越來越變本加厲。明明犯罪的是他，但是搞得好像我才是做錯事的那個人。警察也說光是打電話騷擾根本不能對他加以懲處。這根本是一點都不關心被害者到底有多痛苦、有多受傷。

我就像被關在無窗的監獄中一樣，不只是公司，甚至連家附近的超市都不能隨便想去就去。只要電話鈴響，我就會止不住發抖，就這樣漸漸失去自尊心與自信。

跟蹤騷擾絕對不是浪漫的追求。跟騷犯就是個輕視受害者，並將對方視作自己的所有物，且意圖控制對方的可怕罪犯。

一直以來，韓國社會對跟騷犯的處罰太輕。分析跟騷法判例，可以發現五十六件被起訴案件中，僅有九件被判有期徒刑，但最後犯人有實際入監服刑的只有兩件。

加上在韓國，跟蹤騷擾是「反意思不罰罪」，這是韓國獨有的法條，意思是如果加害者與受害者達成協議，或受害者不願意加害者接受處罰，則檢察官不得起訴案件，即使在起訴後，依然可以駁回[5]。

但這反而成為加害者慫恿、脅迫、騷擾受害者，迫使其達成協議的二次傷害，所以最後就像之前的事件一樣，加害者不斷威脅、折磨受害者，甚至將其殺害。

美國實行的是「義務逮捕制度」，意即接到跟騷投訴，員警就會立刻出動到現場，並將加害者逮捕，並且不能也不必詢問受害者是否要逮捕或處罰加害者，刑事司法機關不須經過被害人的意願，就能決定是否羈押加害者。

像前面提到的被同事跟蹤騷擾案件，韓國法院因為認為加害者是初犯，且具有專業的證照，因此駁回了第一次的延長羈押，甚至在被害者第二次提起告訴時，警察也沒有申請羈押狀。

但是，跟蹤騷擾不僅是正在進行的犯罪，而且犯行會越來越大膽，很容易變成嚴重犯罪，甚至也可視為是殺人的前兆信號。

最重要的是，跟蹤騷擾應該要監視的是加害者而不是被害者。因為跟蹤騷擾本身就是加害者在某種層面禁錮了被害者，因此給被害者智慧型手錶來讓他們保護自己，是沒有預防效果的。

反倒是跟蹤騷擾如果確定，就應該以電子腳鐐、位置追蹤與羈押措施等方式來強力限制加害者的行動才是。在起訴後，司法機關也不該給予任何的寬待。加害者的學歷、職業有無與是否需要承擔扶養家庭責任，都不應成為罪刑被輕輕放過的理由。

據說該案件的被害者，即使在死亡的恐懼中還一直拚命的按著警鈴。在那一瞬

5 編按：我國《跟蹤騷擾防制法》（以下簡稱《跟騷法》）於二〇二二年六月一日正式上路。法規規定，只要持續或反覆違反特定人意願且與性或性別有關，進行監視跟蹤、盯梢尾隨接近、威脅辱罵、通訊網路騷擾、不當追求、寄送文字影像等行為，則觸法。一般跟騷屬告訴乃論，但如果行為人經調查發現有攜帶凶器，則屬非告訴乃論。

間，被害者想要讓加害者受到處罰的決心該有多強，甚至她當時承受的恐懼與痛苦有多大，真的只要一想到就令人心痛。

吃播與戀愛實境節目

獨居的A在無聊時，經常觀看吃播。在影片中，直播主大口吃肉、滿嘴油光，甚至能一口氣烤兩公斤左右的大腸來吃，還會吃牛肝或骨髓等食物來變換口中的味道。

他表示，自己吃不了這些食物，但是看著影片就會忍不住想像著「是什麼味道呢？」甚至看到塗著大紅色口紅的直播主將熱狗塞入口中時，很奇妙的感受到了性的刺激。

不談戀愛的B，最近則沉迷於觀看「戀愛實境節目」。放假時就會與一樣單身的三五好友聚在一起收看、交換意見與評論，覺得再也沒有比這個更有趣的事了。

最近戀愛實境節目種類越來越多變，可能因為參與演出的來賓是一般人，所以更令人耳目一新，跟朋友一起暢談分析那些演出者未來的戀情發展也很有趣。

最近，對韓國社會最有影響力的關鍵字就是「吃播」與「戀愛實境節目」。

「吃播」是一種食物色情片（Food Porn），就是某些人主動展示自己吃東西的樣子給大家看。吃播可以說是一種韓國獨特的內容，在韓國已經很久了，久到甚至外國還將吃播稱為「Mukbang」（音同韓文的吃播）。

食物色情片一詞最早出現在一九八四年英國記者羅斯・寇威爾（Rosalind Coward）的著作《女性的慾望》（*Female Desire*）一書中，是指「將視覺刺激極大化的食物相關內容」。食物色情片中，韓國流行的是做料理（煮播）及吃東西（吃播）的影片。

像是吃遠超過一人食量的大胃王吃播，或是美食店探訪評價的美食吃播，還有吃一些口感、模樣很奇怪，口味相當見仁見智的刺激性食物的吃播，以及最近相當受矚目的就是小胃王吃播，就是直播主在吃東西時，表現出好像東西很難吃的樣子，花很長的時間來吃分量很少的食物。

也有人說，這種吃播的流行是源於韓國社會過度追求極瘦的身體意象，減肥對於現代人來說已經成為生活的一部分，因此只好看著他人吃得津津有味的樣子，來達到代理滿足。但是，其實那麼明目張膽的看著別人吃東西，並不是那麼自在的事情，甚至隱隱有虐待與性暗示的感覺。

嘴巴會讓人聯想到性器官，光是從人氣吃播的直播主都是年輕女性這一點，就更難撇清這個嫌疑。張開塗著大紅色口紅的雙脣，拚命往口中塞東西並吞嚥的樣子，不知道為什麼就會讓人聯想到某種性行為？

在超大的熱狗上淋上滿滿的黃色芥末醬，直播主們嘴角沾著醬料吞嚥食物的樣子，以及最近的主流「烤腸」，女性直播主會直接咬著一整條的烤腸，嘴角油膩膩的笑著看著鏡頭的畫面，這簡直就像看A片一樣。

觀眾們甚至還會要求她們吃更多、更辣、更油膩、更奇形怪狀的東西。

那麼另一個人氣關鍵詞「戀愛實境節目」又如何呢？

節目已經從藝人配對假想戀愛，進化到現在以素人成為真情侶的型態為主。不僅各個頻道都推出這類型節目來相互競爭，每個節目都具有相當高的人氣。

自己私底下不去認識他人，卻以關注別人戀愛來得到替代體驗與滿足的效果。或許有人會覺得因為不是自己談戀愛，會更加客觀，就像是擔任朋友的戀愛軍師一般，看著他人戀愛來得到代償的效果。

尤其現在的戀愛實境節目都會搭配現場一起觀賞的藝人主持群，好像在某種程度上也合理化了觀看他人戀愛的行為，讓我們能更自在、無負擔的觀賞。因為這不是一個人偷偷看，而是許多人一起看並交換意見。

雖然不談戀愛幾乎是全世界的趨勢，不過韓國的情況更為嚴重。不談戀愛、不結婚也不做愛。其實就算不結婚，還是可以談戀愛和做愛，但現在有很多人根本不去認識對象，才這麼認真的透過戀愛實境節目看他人談戀愛吧！

原因可能是韓國越來越嚴重的性別對立問題，造成我們對異性的誤解，而社會上的不公平與暴力，更加深了兩性的對立。

這些都讓女性對於進入婚姻裹足不前，而資源較少的男性也因為強硬的男性主義而苦不堪言。當然，覺得金錢就是成功與幸福的社會風氣也是一大原因。因為這些原因，在社會與精神上感到孤獨的人正面臨溝通的困境。

現代人越來越習慣一個人用餐、遊玩，一個人做自己的事情來打發時間，對與他人溝通感到害怕與生疏。或許一個人在房間中，用自己的手機來偷看他人的模樣更能使現代人感到安全吧！這種社會現象真的很令人擔心。

吃與愛是人類最基本的本能，也是喜樂的根源。尤其是對愛的慾望能帶來與他人間的親密感、連結與歸屬感，讓我們更有勇氣、更幸福的生活在這個世界上。

在生理上，感受食慾與性慾的神經中樞非常相近，所以有時也會被騙。也因此，如果缺愛，有時會感到飢餓，而相反的，愛意滿滿有時也會有有情飲水飽的感覺。

人們之所以看吃播，會不會不是因為食慾，而是因為內心對愛的渴望呢？而我們是否真的能放棄只有當事人才能真正感受到的滿足感呢？

我們真正應該做的，是取悅自己，適當的享受美食，在現實生活中真正的去認識一個人，與他四目交接、牽手、親吻並表達愛意。去修復人與人之間的互動與接觸，因為人與人真正充滿愛的接觸，才能讓我們溫飽且幸福。

男女對立，不是性別的錯

我與處在青春年華的學生們一起學習性與愛，已經將近二十年了。

在課堂中，我們會多樣化的學習愛和性相關的內容，從與喜歡的人約會開始，贏得好感、墜入愛河的過程、戀愛與安全的性愛、男女的性健康管理、相互的性生理與性心理、結婚、分手、性暴力與性交易等。

與年輕人一起對話總是充滿浪漫情懷、有趣且愉快。但是最近這幾年，我的確也感受到談論男女話題變得越來越難了。

大約從二〇二〇年開始，韓國最常使用的詞彙都是與性別角色、性別矛盾相關的，像是性別（Gender）、性別對立、性認知感受、厭女、厭男等。尤其因為疫情，非面對面接觸與保持社交距離也讓韓國的男女對立問題越演越烈。

根據二〇二一年社會學者、延世大學廉裕植教授發表的〈二〇二一年首爾居住者性生活實態〉研究結果顯示，居住在首爾十九歲以上的成人，平均每三人中就有一人在過去的一年間連一次性行為都沒有。

一年中連一次都沒有，這已經不是性生活匱乏，簡直是無性生活了。尤其這個研究最受注目的點，是二十多歲的年輕男女過無性生活的占比很高。

在我們終其一生中有最多的機會可以認識其他對象並相愛、享受性愛的二十多歲，竟然有四三％的男性過著無性生活，是全部男性中占比最高的，而女性方面，二十多歲的女性無性生活的占比是四三％，緊接在六十多歲女性（五三％）之後。

最熱血、青春的人們不做愛的理由究竟是什麼？二十多歲的男性們最常回答：「對性有興趣，但沒對象。」而二十多歲的女性們則大都說「根本沒興趣」。

進行研究的廉教授表示：「最終因為女性們沒興趣，男性們找不到伴侶，因此形成了錯頻（mismatching）現象。」在美國，拒絕結婚等既有社會風俗的嬉皮文化在年輕人間流行時，反而性行為是很活潑的。但在韓國，「不婚主義」抬頭的同時，竟然連性行為也跟著消失，這真的很令人擔心。

韓國的年輕女性為什麼對性沒興趣？年輕男性為什麼找不到對象？雖然新冠疫情流感化應該也是原因之一，但作為性學專家，我認為最大的原因應該是在一九八〇年代後，韓國的男女性別比例的平衡被打破了的緣故。

就韓國的情況來說，國家政策有很長一段時間都集中在「少生小孩」上，本來夫妻與一對兒女等一家四口視為「正常家庭」，到一九八〇年後轉變為一個子女。

當時，政府積極推行減少生育政策，宣導標語有「只生一個，活得更年輕。狹小的土地，廣闊的人生」、「好好養大一個女兒，比十個兒子強」等。然而在只生一胎的情況下，韓國父母都選擇兒子而非女兒，這個結果便打破了性別比例的平衡。

極端的重男輕女思想，使得在一九九〇年時，女嬰與男嬰的性別比達到一百比一一六．五，之後因為生育率暴跌，政府不得不積極推出獎勵生育政策，試圖挽救失衡的性別比，但已經是杯水車薪。

此外，性別比有其重要的意義。雖然根據人口社會學者的研究分析表示，男性的人口占比越高則社會越顯暴力，但其實最重要的，還是新娘人數不足的問題。

男女結婚對象的分布大相逕庭。對二十歲到三十九歲的男性來說，對象約是自己年紀上下四到五歲的女性；女性的對象卻是從二十歲到五十歲，選擇的幅度較寬。

因此，就算不是結婚而僅是找伴侶，對男性來說也會變得難度暴增。而且男性人口的增加，進入婚姻市場的門檻就會變高。想要找到伴侶必須具備比較出眾的外貌、學歷與社會經濟能力，造成許多男性找不到伴侶。

此外，韓國男女薪資的嚴重差距、入職與升遷的不公平，以及社會上依然認為育兒是女性的責任等想法，也都是造成有能力的女性不願意踏入婚姻的原因。踏入婚姻後，可能會面臨工作不穩定，及因為生育造成的工作經歷斷層。

結婚後，經濟弱勢的女性也會漸漸選擇依賴經濟主力的男性。就結果來說，如果祖上沒有餘蔭、工作時間短且一無所有的男性，就免不了會產生剝奪感，因此以一種吃不到葡萄說葡萄酸的心理，笑這些已婚男性為「女人的ＡＴＭ」、「家事工具人」，已婚男人則稱這些結不了婚的男人為「滯銷貨」、「淘汰男」。

失衡的性別比，不僅導致男女對立，還帶來男性間的仇恨。

另一個使女性難以跨出舒適圈去認識他人或結婚的理由，是基於對戀愛過程的不安全感。最近常聽到年輕女性們說：「因為無法確保從交往到分手的自由與安全，所以不敢跨出交往的第一步。」

媒體中經常報導女性只是因為在約會中拒絕男性，或是提出「分手」而被打死的新聞，而且案件的暴力指數甚至越來越高。也因此越來越多的女性覺得，與其談一場危險的戀愛，還不如與同性好友一起度過愉快的時間。

這個問題絕對不是男女本身的性別差異所引起的。不是女性特別愛錢，也不是因為男性特別暴力或沒能力，這些都是因為我們的社會對性別的扭曲，以及不公平的政策、失衡的組織所造成的。在性別對立圖表中，不滿指數最高的二十多歲男性是「性的認知感受」很高的世代，而我從這兒看到了一絲希望。

最重要的，還是應該要多多接觸，確認雙方都不是什麼怪物。彼此面對面談話，就能夠知道之前的爭論是多麼荒唐的事情。真心希望二、三十歲的年輕男女不要反目成仇，也不要成為媒體或政治圈操弄性別對立的道具。

人類有史以來，從來沒有男女對立這麼嚴重的時刻與國家。但如果沒有兩性相互照顧、攜手努力，我們又怎能走到今天呢？希望比老一輩更聰明、睿智的年輕世代們，能夠相互了解、攜手同行。**因為愛才是人類生生不息且更幸福的原因。**

07 無性愛時代的對策

「現在，請各位暫時閉上雙眼，試著想像性行為的場面吧！」這是二〇二二年「大韓性學會」春季研討會時發生的事情。

這個聚集了韓國頂尖的性學專家的學術大會，每次都會針對多樣化的性關聯主題進行有趣且深刻的討論。但這樣的要求，在會場中卻是第一次出現。

在沉默了一陣子後，發表者繼續說了：

「大家想像的性行為的主體是誰呢？現場有人想像的不是女人與男人的嗎？想像的主體特徵有包含像是老人、身心障礙者或性少數者嗎？性愛的內容又是什麼樣的呢？是口交？還是肛交？

「我想大部分應該都是插入式的性交吧！就算是我們自詡為性學專家，但是提到性愛時，我們想到的都是異性愛、插入式性交，或是以青壯年為主的性愛。那大家對於其他的情況又怎麼看呢？」

在這一提問後，他緊接著開始演講，而我聽完後，真的思考了很多。

「性是什麼？」

「什麼樣的行為是正常？什麼樣的行為是變態？」

其實現在的性學（Sexology）中，已經不再使用「變態」一詞了。這都是致力於認同「多樣性」的結果，也就是從性愛主體的性別到性愛的方式，都不定下所謂的「典型」。

只要沒有危害他人，並在雙方合意的情況下進行的，就會尊重這是個人喜好。甚至就連對性的定義也有所不同。

若說以前是以高潮（或射精）這樣的性快樂為目標，現在則是相互凝視、擁抱、親吻、愛撫、插入……不論進行到哪一步（即使沒有感受到高潮），只要雙方都覺得幸福與滿足就是好的性愛。

也就是說，就算沒有達到高潮與為了完成生殖的目的，只要兩個人都感到快樂，就是最棒的性愛。

發生性行為的原因很多。一般透過性行為想達到的目標不外乎是生殖、愉悅、愛的表達與確認以及溝通等，但現代人已經不把生育當作性行為的第一目標了。

不，或許應該說，比起孕育下一代，更想透過性行為來分享性的愉悅、消解性慾、表達及確認愛意，更進一步透過性行為來達到更深的溝通。

我們透過與所愛（至少是有好感）之人的性行為來獲得安慰、喜悅與親密感。透過身體親密無間的接觸，能感受到從他人身上無法得到的強烈歸屬感與一體感，並更深入了解對方。這是透過頭腦，或者該說是理智所無法達成的。

不久前，我和以前的學生一起吃飯。步入四十大關的學生說，他們夫妻已經「分房睡」很久了。其實也不是關係不好，但好像不知道從什麼時候開始，為了生活上的方便就分開睡，自然而然性生活也減少了。

他說，就算偶爾想做愛，但是光想到要去敲妻子的房門，然後還要看跟妻子一起睡的孩子的眼色，請他們移步到別的房間，想想就覺得麻煩，久而久之性愛就變得更難了。但是他還是理直氣壯的說，他們夫妻倆是「房子伴侶」。

最近，有很多諮商的主題都是「性生活匱乏」，其中包含結婚不久的新婚夫婦，或是交往沒幾年的情侶。不過至少還會因為擔心而前來求助，真的很萬幸。

當伴侶們不再分享愛意，他們的日常就是過著各自追劇、玩手機或是看影片，然後分開睡覺的生活。

與其和自己的伴侶在真實生活中牽手、看著對方說話，或是親吻、擁抱、親密接觸，還不如看著電視中的人談戀愛、親密接觸與開玩笑來得到替代體驗的滿足。

事實上，有很多的伴侶會在諮商室裡抱怨另一半完全離不開手機，不跟自己說話，反而只拿著手機不知道跟誰嘻嘻哈哈的交流。

在個人社群媒體上，隨時都有人上傳和所愛之人一起去美妙場所與美味餐廳，還有看起來令人垂涎三尺的美食照片。但令人惋惜的是，有許多研究報告指出，經常在社群媒體上放閃、晒恩愛的情侶，其實實際生活中關係都不好。

就像是在包裝一束花時，加上了各種顏色的色紙、蝴蝶結，最後再包上一層玻璃包裝紙，感覺根本就看不到花的存在一般。像這樣致力於包裝自己的生活與幸福的人，實際上對於自己是否真的幸福，與自己的伴侶的狀態根本不關心。

愛與性的消失，最根本的問題是人們不再能體驗到深入了解他人、尊重、體貼、長久堅持與憐憫等經驗，而這也必定會引發「人性」的喪失，最終人類活得不像人類。**人生在世最重要的不是文明的成就，而是與他人的相處與關係**。

希望大家不要每天做白日夢，光是等待命中注定的人出現，也不要總嚷嚷等到有經濟能力、有時間，之後就會去找伴侶。在人生中，有些難關需要對象陪你一起闖，填滿彼此不足的部分。愛情不會像是綜合大禮包一樣，一個箱子滿足全部所有。

如果想要找到喜歡的人，就鼓起勇氣跟他人交談，勇敢的到人多的地方去。最近也有很多擁有相同興趣的人組成的小型社團，經常舉辦各類活動，只要加入這種社團，與大家一起聊天，一定不難發現跟自己價值觀相似、心意相通的人。

沒有嘗試就不可能獲得，沒有累積失敗經驗也難以成功。如果有了喜歡的人，就鼓起勇氣跟他說話，坦承且真摯的傳達心意；如果已經有伴侶，請毫無保留的表達自己的愛意，不要讓對方感到孤單。

給予對方愛與關懷，熱烈相愛吧！

後記
真希望我二十歲時就讀過這本書！

終於來到本書最終章。在出版前，真的歷經了很長的時間。雖然一方面是因為忙碌，但另一方面是因為我想在書中傳達的「情緒」，那就是「親切」。

每次我都像念咒語一樣，不斷的對自己說「親切點、以親切的心表達」，希望這個咒語能將安慰與鼓勵傳達給讀者。雖然在像陀螺般轉動了一天後，要靜下心來寫下親切的文字並非易事，但我還是試著將我的建議一一寫在書中。

在寫這本書時，我經常想起二十歲時的自己。

對當時的我來說，向某人坦承心意、感情維持、分手、再次愛上一個人等，也一樣不是容易的事情，不僅無法相信自己的眼光，對於性的知識更是匱乏。如果有值得信任的長輩能明白的教導我，讓我了解關於悸動、愛與身體，相信那時的我一定能更游刃有餘的面對。

本書包含愛自己、健康的開始並維持一段愛情、應對痛苦失戀、安全且幸福的性愛的方法等，幾乎遍及愛的所有內容。我以一種認識新同學、人生中的珍貴學弟妹的心情，花費很多心力與時間完成這本書。同時我也在書中加入了許多具體事例，**希望本書可以成為「愛的實用書」而非「愛的理論書」**。

尤其，本書著重於性健康與避孕等性愛與身體相關內容的講述。

因為愛與性是緊密相連的，我們透過性來表達愛與溝通，獲得愉悅並傳承基因，愛與性是互助且密不可分的關係。人類是性的存在，這是極其自然且健康的本能，但很可惜的是我們的社會依然被雙重的性意識所切割，造成兩性的對立。

這樣的社會態度會抑制人類的本能，造成相互誤解。如果想要免於這種陰謀的迫害，最重要的是我們要了解自己的身心，同時也去了解對方的身心。無論如何，希望這本書在這個方面能為讀者提供健康的視角來看待兩性。

想要在書中加入更多實用的內容，又擔心因此書會過重，所以還是有很多內容無法收錄在本書中。尤其是困擾年輕女性的生理痛、多囊性卵巢綜合症及乳癌等資訊都無法寫進來，真的感到相當惋惜。

在我身邊，很常看到抱著「應該沒關係吧」的心態，而將小病養大的過度樂觀者，希望大家一定要關心自己的身體，定期接受健康檢查、尋找相關書籍來看並好好照顧自己。

青春本就是容易因愛傷痛的時節。不，或許應該說，青春在人生的所有面向中，都還略顯青澀。即使隨著年齡增長，已經有不少人生歷練的我也依然經常犯錯，並且在錯誤中不斷領悟與學習，更何況是青春年華的大家呢？

青春，就是個不斷犯錯也無妨的年紀。不論是愛或人生，經歷多樣化的挑戰，並在錯誤中學習，然後慢慢找到適合自己的方法。

俗話說：「吃苦當吃補。」年輕時經歷很多錯誤的人，往後的人生反而會更可靠。所以，希望年輕人們多笑、少悲傷！親切的人生必會為你在各處藏好了「幸運的帽子」，就等著你找到、戴上它並愉快的跳舞。

希望大家都能「活在當下」，勇敢去愛。

國家圖書館出版品預行編目（CIP）資料

三秒額滿！「愛情通識課」：如何相識、留下好感、示愛、相處、或好好分手？CNN 慕名採訪的愛情課。／裵貞媛著；張鈺琦譯. -- 初版. -- 臺北市：大是文化有限公司，2024.10
368面；14.8 x 21公分. --（Style；095）
譯自：배정원의 사랑학 수업
ISBN 978-626-7539-02-6（平裝）

1. CST：兩性關係　2. CST：戀愛心理學
3. CST：性關係

544.7　113010540

Style 095

三秒額滿！「愛情通識課」

如何相識、留下好感、示愛、相處、或好好分手？CNN 慕名採訪的愛情課。

作　　者／裵貞媛
譯　　者／張鈺琦
責任編輯／楊明玉
校對編輯／林渝晴
副 主 編／蕭麗娟
副總編輯／顏惠君
總 編 輯／吳依瑋
發 行 人／徐仲秋
會計部｜主辦會計／許鳳雪、助理／李秀娟
版權部｜經理／郝麗珍、主任／劉宗德
行銷業務部｜業務經理／留婉茹、行銷企劃／黃于晴、專員／馬絮盈、助理／連玉、林祐豐
行銷、業務與網路書店總監／林裕安
總經理／陳絜吾

出 版 者／大是文化有限公司
臺北市 100 衡陽路 7 號 8 樓
編輯部電話：（02）2375-7911
購書相關資訊請洽：（02）2375-7911 分機122
24小時讀者服務傳真：（02）2375-6999
讀者服務E-mail：dscsms28@gmail.com
郵政劃撥帳號：19983366　戶名：大是文化有限公司

法律顧問／永然聯合法律事務所
香港發行／豐達出版發行有限公司 Rich Publishing & Distribution Ltd
地址：香港柴灣永泰道 70 號柴灣工業城第 2 期1805 室
Unit 1805,Ph .2,Chai Wan Ind City,70 Wing Tai Rd,Chai Wan,Hong Kong
Tel：2172-6513　Fax：2172-4355
E-mail：cary@subseasy.com.hk

封面設計／孫永芳
內頁排版／陳相蓉
印　　刷／鴻霖印刷傳媒股份有限公司
出版日期／2024 年 10 月初版
定　　價／新臺幣 480 元（缺頁或裝訂錯誤的書，請寄回更換）
ISBN ／978-626-7539-02-6（平裝）
電子書ISBN／9786267539002（PDF）
9786267539019（EPUB）